陈云

给青少年讲红色纪念馆里的故事丛书（第二辑）

陈云
青少年时代的故事

陈云纪念馆　编著

中原出版传媒集团
中原传媒股份公司

大象出版社
·郑州·

图书在版编目(CIP)数据

陈云青少年时代的故事／陈云纪念馆编著.-- 郑州：大象出版社, 2025.4 (2025.10重印).-- (给青少年讲红色纪念馆里的故事丛书).-- ISBN 978-7-5711-2157-0

Ⅰ.K827=7

中国国家版本馆 CIP 数据核字第 2024LL5307 号

给青少年讲红色纪念馆里的故事丛书(第二辑)

陈云青少年时代的故事

CHENYUN QINGSHAONIAN SHIDAI DE GUSHI

陈云纪念馆　编著

出 版 人	汪林中
策　　划	董中山
项目统筹	孟建华
责任编辑	王艳芳　邓艳谊
责任校对	倪玉秀
装帧设计	付锬锬
责任印制	张　庆

出版发行	大象出版社(郑州市郑东新区祥盛街27号　邮政编码 450016)
	发行科 0371-63863551　总编室 0371-65597936
网　　址	www.daxiang.cn
印　　刷	河南文华印务有限公司
经　　销	各地新华书店经销
开　　本	720 mm×1020 mm　1/16
印　　张	10.75
字　　数	106千字
版　　次	2025年4月第1版　2025年10月第2次印刷
定　　价	39.00元

若发现印、装质量问题，影响阅读，请与承印厂联系调换。

印厂地址　新乡市获嘉县亢村镇工业园

邮政编码　453800　　　　电话　0373-5969992　5961789

丛书编委会

丛书策划

（按姓氏笔画排序）

祁素娟　阳国利　李俊霏　赵　亮
聂　勇　董中山　黎洪伟

丛书编委

（按姓氏笔画排序）

任　非　许宏强　严定忠　李　丽
范伟成　周才军　房　中　房士鸿
孟建华　胡春兰　姜艳辉　彭明建
潘　炜

本书编委会

主 编

黎洪伟

副主编

王震凤　范伟成

执行编委

房　中

编　委

黎洪伟　王震凤　范伟成

周伟锋　房　中　潘伟玲

刘启芳　杜　娟　陈雨珊

恰同学少年（总序）

"恰同学少年，风华正茂；书生意气，挥斥方遒。指点江山，激扬文字，粪土当年万户侯。"

百年前，以毛泽东、周恩来、刘少奇、朱德、邓小平、陈云等为代表的一群青年人，意气风发，斗志昂扬，心有万里山河，情系手足同胞，壮志凌云响彻九霄。他们走过泥泞曲折的道路，挨过漫长寒冷的黑夜，艰难险阻挡不住心中火焰，地冻天寒难凉一腔热血。面对满目疮痍的神州大地，他们的眼中依旧闪烁着坚定的光芒，他们敢教日月换新天！

青年的命运，从来都同时代紧密相连。近代以来，国家蒙辱，人民蒙难，文化蒙尘，中华民族遭受了前所未有的劫难。直到1921年，中国共产党诞生，中国革命的面貌从此焕然一新。一群风华正茂的青年，将自己的命运同时代的走向、祖国的未来紧紧交织，与所有不愿做奴隶的中华儿女一起，筑起了新的长城。

这群青年志存高远，初心不改。他们树立了为祖国为人民永久奋斗、赤诚奉献的坚定理想，高举爱国、进步、民主、科学的旗帜，不畏敌人的坚船利炮，为争取民族独立和人民解放挥洒青春热血。

这群青年热爱学习，追求真理。他们满怀激情学习先进思想，冲破封建束缚，实现思想解放。他们选择了马克思主义，推动了中国社会进步，促进了马克思主义在中国的传播，促进了马克思主义同中国工人运动的结合。他们坚持马克思主义的信仰毫不动摇。

这群青年立足实践，深入社会。他们知行合一，着眼于社会变革，读"无字之书"。他们到工农群众中进行调查研究，了解社会各阶层的情况，在实践中探索中国革命的出路，历经风雨，百折不挠。

习近平总书记指出："我们要沿着革命前辈的足迹继续前行，把红色江山世世代代传下去。革命传统教育要从娃娃抓起，既注重知识灌输，又加强情感培育，使红色基因渗进血液、浸入心扉，引导广大青少年树立正确的世界观、人生观、价值观。"韶山毛泽东同志纪念馆、周恩来纪念馆、刘少奇同志纪念馆、朱德同志故居纪念馆、邓小平故居陈列馆、陈云纪念馆联袂编写这套给青少年讲红色纪念馆里的故事丛书（第二辑），就是希望广大青少年朋友们从毛泽东、周恩来、刘少奇、朱德、邓小平、陈云六位伟人青少年时代的故事里汲取前行的力量，找寻人生的方向，披荆斩棘，满怀梦想，铸造辉煌！

  时光流转，历史长河奔流不息，新时代的青少年要接好革命先辈们事业的接力棒，肩负起民族复兴的重任，自强不息，让青春在为祖国、为民族、为人民、为人类美好明天的不懈奋斗中绽放绚丽之花。

黎明伟

2023 年 4 月

写在前面的话

用奋斗书写青春，青春必定多彩；用书香浸润人生，人生必将丰盈；用阅读丈量世界，世界必会更加可爱。当青少年朋友们翻开这本书时，你们就开始了一场与一位伟人对话的奇妙之旅。这位伟人是谁？他会给你们带来哪些不一样的体验感悟？让我们一起出发吧。

他就是陈云。

陈云是一位伟人。他的一生是伟大的、光荣的。在七十年的革命生涯中，他经历了中国革命、建设和改革各个历史时期。他参与了党中央在不同历史时期一系列重大决策的制定和实施，多次在党和人民事业发展的关键时刻，在党和国家的重大决策中发挥了十分重要的作用。他是以毛泽东同志为核心的党的第一代中央领导集体和以邓小平同志为核心的党的第二代中央领导集体的重要成员。

　　陈云是一位能人。毛泽东称赞陈云：他看问题尖锐，能抓住要点。他的方法是调查研究，不调查清楚他就不讲话。陈云是中国社会主义经济建设的重要开创者和奠基人。在经济建设的一些重大问题上，特别是在困难关头，人们总是希望听到陈云的意见，他也总是能够不负众望，洞悉全局，抓住要害，及时拿出解决问题的有效办法。

　　陈云是一位平凡人。他过着平凡的生活，粗茶淡饭，简单朴素。他幽默风趣，热爱评弹、书法和摄影。他关爱青少年，期望殷殷，细致入微。他为人内敛谦逊，从不主张宣传自己。

　　在这本书中，我们把镜头聚焦在陈云的青少年时代。这一时期的陈云奋发向上、艰苦进取，为他一生的辉煌奠定了坚实的基础。

　　他热爱学习。由于家境贫寒，陈云只断断续续读了几年书，最终的学历是"高小"，相当于小学毕业。他非常珍惜难得的学习机会。在家里，每天清晨，天还没有亮,他就点起小油灯,开始读书、练字;在学校里,他的各门功课都很优秀,令老师与同学们称赞不已;在工作中,他坚持自学,如饥似渴地读书,持之以恒,毫不懈怠。

他积极乐观。陈云的童年是悲苦的,两岁丧父,四岁丧母,六岁时外祖母也去世了。陈云过继给舅父当养子,由舅父母抚养长大。但是,他依然坚强、乐观地生活着。没钱上学,他就在舅父开的小酒馆里做帮手,勤勤恳恳,从来不唉声叹气,从来不叫苦喊累。进入商务印书馆后,他克服身高不足、业务不会等困难,很快就成为行家里手,并提前一年从学徒转为店员。

他志向远大。陈云经常勉励自己要做一个站在时代前列的青年,不要碌碌无为,不能虚度时光。因此,陈云在精心钻研业务、干好本职工作的前提下,积极参加各类培训,坚持上夜校,阅读大量进步书籍,很快就在青年店员中脱颖而出,学识渊博,有信仰,有号召力。

他兴趣高雅。小时候,陈云跟着舅父去听评弹,从此养成了对评弹的终生爱好。陈云还学习拉二胡，坚持练习毛笔字。在商务印书馆，他每天早上6点起床，去公园锻炼身体。他还乐于参加各种球类运动，在乒乓球场、篮球场上时常能见到他的身影。这些丰富多彩的业余生活充实、培养了陈云健康向上的情感追求。

在中华民族几千年的历史发展中，有无数闪耀着光芒的名字流芳百世，其中有一大批是在20世纪中国苦难而辉煌的历史进程中涌现出来的为共产主义信仰奋斗终生的优秀共产党人。他们胸怀天下、奋起抗争、百折不挠，谱写了一部部可歌可泣的史诗。他们身上生动体现了中华民族的伟大精神和社会主义核心价值观。陈云，就是其中的一员。

高山仰止，景行行止。虽不能至，然心向往之。陈云的成长经历激励着我们追求进步，他的人格魅力引领着我们向善向美，他的崇高精神启迪着我们勇于担当。

目 录

第一篇章

犹记少年读书时......001

艰辛童年　"我叫廖陈云"......003

私塾启蒙　学习传统文化......010

经济启蒙　到商业学校学习......015

幸遇伯乐　入颜安小学读书......020

运动洗礼　参加五四宣演......026

少年听客　"我是听戤壁书出身"......031

师恩如山　"先生是我的引路人"......036

严于律己　培养坚强意志力......042

第二篇章
革命之火燃初心......047

奋发有为　做一个站在时代前列的青年......049

学习外文　扩大自己的视野......054

经历风雨　参加五卅运动......059

投身工运　年轻的职工会委员长......064

确立信仰　加入中国共产党......071

思想火花　早期的革命理论研究......076

目 录

革命锻炼　参加工人武装起义......080

小蒸惊雷　领导农民武装暴动......085

第三篇章

脉脉相通情意浓......093

养育之恩　"舅父把我养大"......095

同窗好友　掩护陈云脱险......100

良师挚友　影响陈云一生的交往......104

志同道合　携手组织商务罢工......111

革命情谊　董亦湘介绍陈云入党......117

革命战友　初识周恩来......123

并肩战斗　谱写英雄赞歌......129

弃家奔走　同赴革命征程......136

同乡之谊 奋斗在同一战线上......143

附录 陈云纪念馆简介......148

后记......151

第一篇章

犹记少年读书时

仰望浩瀚星空，纵观历史名流，凡是功成名就之人，他们都有一个难能可贵的品质，那就是热爱学习。

陈云也不例外。尽管他幼年生活在社会底层，饱受生活艰辛，但没有什么能够阻挡他对学习的热爱。由于家境贫寒，他只断断续续读了几年书，八岁上私塾，九岁进"初小"，十二岁读"高小"。高小毕业后，再也没有正规地上过学，因此他总自称"小学生"。

在难得的学习时间里，他学到了做人要真诚坦荡，做事要踏实肯干；学到了丰富的知识，正确处理事情的方法；了解了国家大事，萌发了朴素的爱国情怀。

通过读书学习，陈云彻底改变了自己的命运。让我们一起来看看陈云读书的故事。

艰辛童年

"我叫廖陈云"

绵延的乡情

悠悠河水流淌不息,浓浓乡情永驻心间,离开故土投身革命后,陈云深深眷恋着这片深情的土地。当他重回故土,一声声熟悉的"廖陈云",瞬间消除了多年未见的陌生,使大家仿佛又回到了童年时代。

"廖陈云",一声稚嫩的呼唤声传进了临街而开的一间小酒馆内。不一会儿,一个瘦弱的小男孩走出来对散坐在古桥边的伙伴们摆摆手,表示他还要做工无法出来玩耍,大家一看就明白了,很快便跑去别处玩耍了。那棵顽强生长在石桥缝中的石榴树默默地注视着这个场景,街道两旁的大人们都在忙着各自手头的事情,他们谁也不会想到,这个不起眼的小男孩将来会走出小镇,走进中南海,成为青浦和上海的骄傲。

廖陈云，本名陈云。1905年6月13日凌晨，陈云出生在江苏省青浦县练塘镇（今上海市青浦区练塘镇）一个贫苦农家。

陈云家乡练塘镇一隅

父亲陈梅堂是一位淳朴而善良的农民兼手工业者，母亲廖顺妹是本镇人，靠给人打工帮佣度日。他们带着女儿陈星辛勤地劳作，清苦地生活着。因为他们没有田地，也没有房产，几乎一无所有的困境使他们只得借住在陈徐祠堂里。

陈云快出生时，宗族势力不允许他母亲在祠堂里生产，怕生孩子不洁，会"玷辱"祖先。陈梅堂只好另找住处。后来，开米行的闵仲兰同意将他家住宅东侧两间简陋的小屋租给陈梅堂一家居住。陈云就出生在闵家小屋里。

陈云出生后,母亲因严重的风湿性关节炎只能瘫坐在床上,奶水严重不足。因此,小生命在给这个家庭带来欣喜和希望的同时,也给父母造成了无形的压力和紧迫感。陈云的父亲只能没日没夜地劳作,赚点钱勉强养家糊口。

望着可爱的儿子和乖巧的女儿,陈云的父母脸上经常浮现出深深的歉意和忧愁,叹息声更是时不时地传出小屋。在这种情况下,陈云得到的爱抚和保护是非常有限的。

陈云两岁时,父亲积劳成疾,带着对家人的不舍和眷恋离开了人世。陈云四岁那年,母亲也因操劳过度而悲苦地离世。痛失父母庇护和关爱的陈云姐弟成了孤儿。

姐弟俩走投无路,只得跟着外祖母来到舅父家。1911年,外祖母一病不起,临终前叮嘱儿子廖文光将陈云立嗣为子,并改名

陈云幼年时的卧室

为廖陈云。陈云仍喊廖文光为舅父。

外祖母是练塘泖东人，农民出身，性格开朗，勤劳而慈祥。舅父廖文光，年轻时到上海学做裁缝，回到练塘先以裁缝为业，后因生意差，将裁缝店改成了小酒馆。

练塘距今已有一千多年的历史，面积不大，镇中心流过的市河形成便利的水上交通，使得练塘很早就成为这一带以米市为中心的集镇。河上十几座小桥把两边街道连接起来，沿河两岸开满了各种商铺，街市上行人络绎不绝，异常热闹。

在这条街的朝真桥附近，有一幢坐南朝北、砖木覆瓦结构的门面房，前面是临街的一间铺面，对着河；后面跨过天井是简陋

陈云故居

的两层小屋，供全家居住。这里就是陈云舅父母的家。铺面先是开的裁缝店，后改成小酒馆，到晚上卖卖点心，做点小菜，供做生意和听评弹的顾客消夜，他们从中赚一点辛苦钱，以维持生活。

陈云在练塘度过了十四年的时光，练塘也见证了一个少年的奋争、欢笑与成长。

生于斯，长于斯，在陈云眼中，这片养育自己的土地是慷慨的、亲切的。亲戚朋友们对自己十分关爱，总是倾其所能给予资助。舅父家的小酒馆是一扇窗口，陈云通过它不仅能见识各色人等，更能听到一些外界的事情。小酒馆前面的市河更是他诸多乐趣的所在，望着起伏有致的水波和川流不息的船只，总觉得它能带走所有的烦恼与担忧，也觉得顺水而下或许就能到达一片新的天地。

历史小课堂

练塘名字的由来

练塘旧称"章练塘"，关于这个名字的由来，有两种说法流传甚广。一种说法是练塘原名"张练塘"，三国时东吴曾在这里造船，修建了池塘，"张帆以练水军"，后人把"张"错成"章"，叫成"章练塘"。另一种说法是相传五代十国时期闽国高州刺史章仔钧与其妻练夫人居住于此，故而得名。

（刘启芳）

练塘镇一角

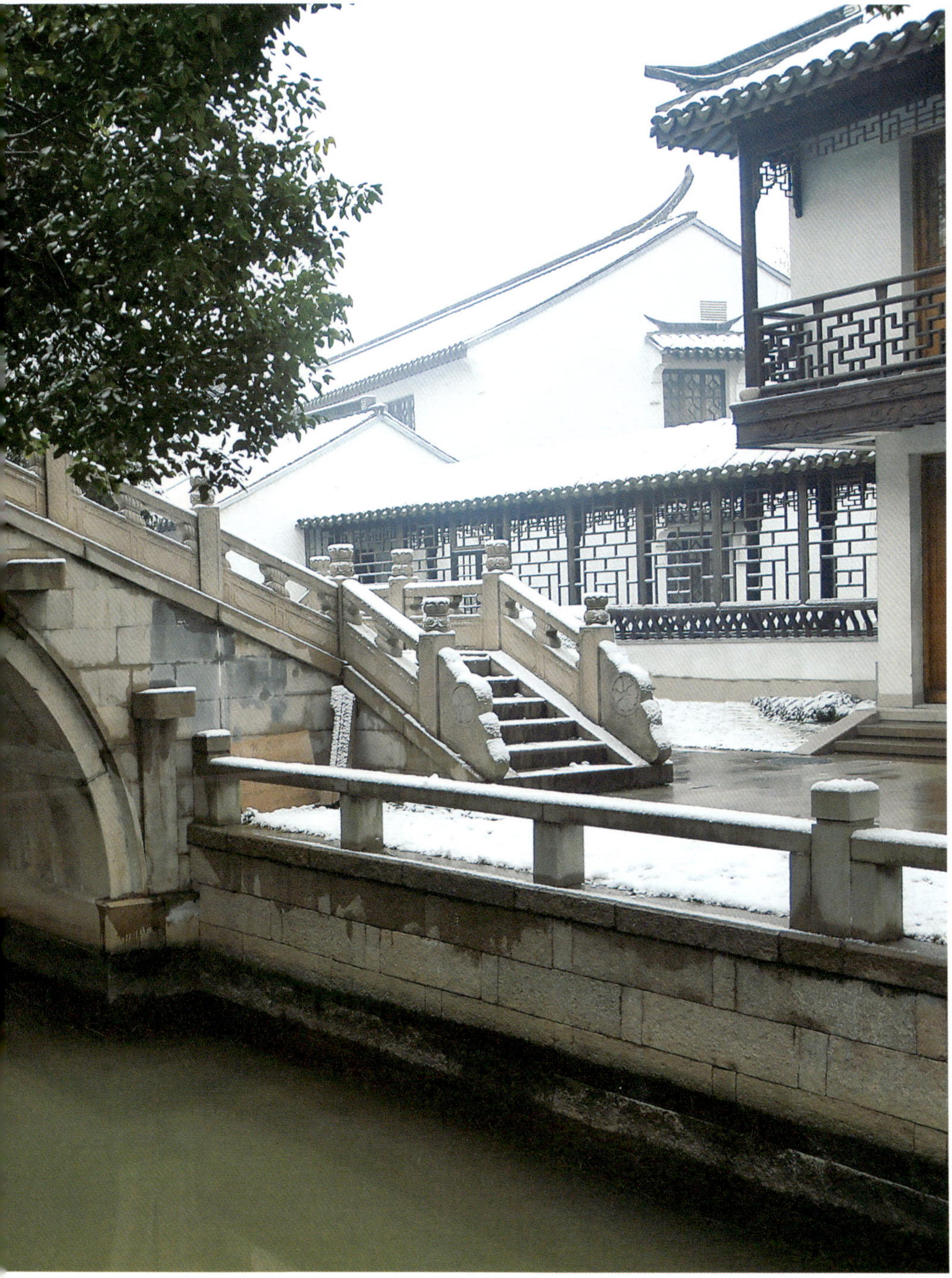

私塾启蒙
学习传统文化

国桢先生

1955年仲春时节,练塘镇的一个平常百姓家收到了一封信封上印有"中华人民共和国国务院"字样的书信,信的开头称"国桢先生"。那么国桢先生是谁?他怎么会与寄信的人有交往呢?这一切还得从多年前练塘镇下塘街靠近顺德桥的一间私塾谈起。

1913年一个明媚的清晨,一个瘦弱的小男孩紧跟着身穿一袭黑色长衫的男子一起走出了家门,沿着下塘街向西而去。

迎面而来的儿郎认出了两人,问道:"廖掌柜、阿金(陈云的小名),尔欲何去乎?"

廖掌柜抬手指了指前面的刘先生家,笑道:"欲往私塾。"小男孩有些腼腆,笑而不语。

像今天这样的日子,陈云不知盼了多久。

据说四岁四个月时"发蒙"(旧时指教儿童开始读书识字),

儿童会更聪明，也更会读书。可陈云却没有这样的福气，四岁时他已痛失双亲，只得随着外祖母与舅父母一起艰难维持生活。

陈云六岁时，外祖母驾鹤西去。外祖母去世后，裁缝铺生意寡淡，难以维持生计。舅父母遂将裁缝铺改成小酒馆，卖点心和小菜。陈云和姐姐也就在小酒馆里帮忙。小酒馆每晚的收入只有几角到三四元，可赚二分利。

太阳西沉，小酒馆还未上客之时，陈云总是望着三三两两刚下学的孩子出神。对此，舅父早已看在眼里，奈何家贫，舅父只能闲暇时给小陈云讲讲故事。

如今，陈云终于可以和其他孩子一样上学读书了。临近私塾，

新中国成立初期拍摄的陈云故居

只听里面传来琅琅的读书声："人之初，性本善，性相近，习相远……"小陈云一时难以掩饰内心的好奇与喜悦，踮着脚，伸长脖子，小心翼翼地观察私塾里面的情形。

私塾为刘敏安老先生所设，刘老先生自任塾师。刘先生不但教学生《三字经》《百家姓》，教学生每天练习毛笔字，还深入浅出地教大家怎样做一个对社会有用的人。

维新变法之后，各地新式学堂如雨后春笋一般蓬勃发展，练塘也出现了不少新式学堂。舅父为什么选择让陈云读刘先生的私塾而不是新式学堂呢？因为刘家世代从事私塾教育，刘敏安老先生更是一位饱读圣贤诗书的学究，在方圆几十里的私塾馆中颇负盛名，镇上好多士绅都是刘先生的学生。

陈云恭敬地向先生问好，行过拜师礼后，他便有了一个新的身份——蒙馆学生。私塾分为蒙馆和经馆，蒙馆收教儿童，经馆教育成人。陈云被先生安排与刘国桢坐在一起，开始了一段学习生涯，这里将会带给他什么呢？

正是在这家私塾里，陈云结识了莫逆之交刘国桢，他就是故事开篇谈到的"国桢先生"。刘国桢是刘敏安先生的独子。1928年年初，陈云等领导小蒸、枫泾农民暴动失败后遭到国民党通缉，他在刘国桢家里住了一夜，然后从这里乘小船抵达嘉善县避难。

陈云被安排与刘先生的孩子一起学习，足见先生对他的喜爱。

刘老先生教学出了名的严厉，对不专心不用功的学生会责罚，就连自己的孩子不专心读书也不会放过。可陈云上学后没过多久，先生对他却愈加和蔼起来。因为陈云总是蒙馆里坐得最端正的那一个，且虚心好学，学习知识快，没多久就把落下的知识补上了。在一年的学习中，陈云掌握了相当于小学二年级的知识。他深得先生器重，与先生的感情很深，长大后还不时回去看望先生。

在这间十余人的私塾里，小陈云学习了《三字经》《百家姓》等蒙学知识，还学习了写毛笔字，更知道了爱国将领岳飞、戚继光、文天祥等不畏艰难守护家国的故事。这些故事在陈云的心里落地生根，一颗热爱学习、热爱家国的种子正在慢慢萌发。

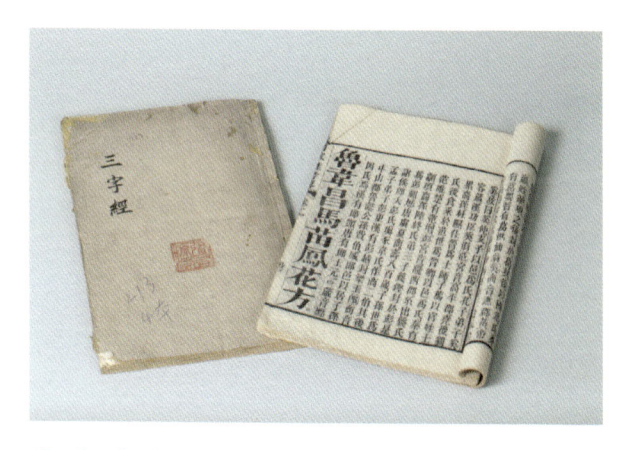

《三字经》《百家姓》

时光荏苒，陈云长大了，他没有辜负刘老先生的殷殷教诲，成为先生口中那个"对社会有用的人"。那个用印有"中华人民共和国国务院"字样信封给"国桢先生"写信的人，正是陈云。

历史小课堂

陈云介绍刘国桢入党

1925年，陈云到商务印书馆虹口分店做店员后，介绍刘国桢来商务印书馆当学徒。工作之余，陈云经常和刘国桢交流关于先进思潮、工人斗争的看法。在陈云的影响下，刘国桢积极参加商务印书馆的工人罢工等活动，在革命激流中不断进步。1927年年初，陈云介绍刘国桢加入中国共产党。

（刘楠）

经济启蒙

到商业学校学习

赵朴初作诗赞陈云

> 唯实是求，珠落还起。
> 加减乘除，反复对比。
> 运筹帷幄，决胜千里。
> 老谋深算，国之所倚。

这是赵朴初先生目睹陈云打算盘的照片后，惊喜之余，赋诗一首予以赞叹。陈云是共和国的"红色掌柜"，他的一生与算账和算盘结缘。我们来看看少年陈云是如何学会珠算与记账的。

1916年，陈云初小毕业。由于家境困难，舅父无力供他继续上学，陈云辍学在家帮助舅父料理小酒馆。

在小酒馆，陈云有时在灶前烧烧火；有时帮着收收桌子，算算账；有时帮助舅母做"敲扁豆"，就是将大白蚕豆放在水中泡涨后，用榔头慢慢敲扁，敲成铜板大小，然后放在热油中氽，氽至豆片稍黄捞起，撒上作料装盘。陈云做事很认真，就连他敲的扁豆也总是又大又圆。

晚上，陈云会跟舅父一起核算一天的经营情况，看看当天的成本是多少，卖了多少，赚了多少。在耳濡目染中，陈云初步了解了如何做生意。

在小酒馆的日子一天天过去，每天看到背着书包的孩子从小酒馆的门前经过，陈云都流露出羡慕的神情，心想：自己要是能继续上学多好啊！可再想到舅父家的实际情况，陈云立刻打消了这样的念头，继续在小酒馆里忙碌起来。看着陈云忙碌的身影，舅父的心里也不是滋味：这么聪明的孩子，以后靠什么吃饭呢？再这样下去，怕是要耽误孩子的前程了。舅父思来想去，还是准备让陈云出去学点技艺，以便日后谋生。

一天晚上，小酒馆营业结束，关上门，陈云照例跟舅父一起核算当天的收入，看看能赚多少钱。

舅父一边算，一边说：阿金，你也不能一直就在小酒馆里帮忙，我考虑还是送你出去学点技艺。

陈云说：可是……家里没有钱啊。舅母患有风湿病，看病抓药需要钱；表弟刚刚出生，体弱，整天啼哭，白天也需要有人照顾，我还是不去了吧。

舅父说：钱的事情已经暂时解决了，你舅母的一位亲戚答应资助你。霓云（陈云的表弟）白天我们也能照顾。我准备把你送到青浦县立乙种商业学校学习珠算和记账，将来可以在商店里做账房，或者做点生意。

陈云一听非常高兴，自己终于又可以上学了。

没过几天，陈云从小酒馆门前的市河乘坐一叶扁舟，沿河北上，来到青浦县城。这是他第一次离开家乡小镇来到县城，周围的一切都使他感到新奇，他顿时感觉眼界也开阔多了。

青浦县立乙种商业学校的前身是县立乙种实业学校，创建于1912年3月。开始时只设农科，后来增设商科，陈云入校前学校已取消农科，改名为青浦县立乙种商业学校，学制三年。因为县城离练塘镇远，舅父让陈云寄住在学校东边码头街八号裕丰客栈楼上的职工宿舍内。这是一幢不高的两层小楼，房子低矮狭小，条件很艰苦，但离学校近，还算方便。

青浦县立乙种商业学校旧址（现为上海市青浦区第二中学）

时隔四十年后，陈云回到家乡调研时，还专门走到码头街八号，到他当年读书时住宿的裕丰客栈，登上楼看了他当年的宿舍，并说：我读书时就寄宿在这里的，我初到青浦看到镇上的城隍庙很大……

在青浦县立乙种商业学校里，陈云学习十分刻苦，课堂上认真听老师讲授，课后背诵珠算口诀，练习打算盘到深夜。由于天资聪颖，加上勤学苦练，做事专心致志，他在很短的时间里就基本掌握了珠算要领，还初步学会了记账。

仅仅学习了一个多月，舅母亲戚的家里由于经济也发生困难，无法继续资助，陈云不得不再次辍学回家，继续在舅父家的小酒馆当小伙计。虽然晚上仍然与舅父一起核算经营情况，但是这时的陈云用起了算盘。

这一个多月的学习，给陈云此后的工作和生活带来了不少便利。

陈云后来到商务印书馆文具仪器柜当学徒，每天接待客人、卖货，在他的工作中，算盘发挥了大作用。他用算盘算账又快又准，常常得到顾客的称赞。经过长期的锻炼，陈云的珠算水平又有了进一步的提高。

对于珠算，陈云后来说，不学会打算盘，

陈云用过的算盘

生意就不好做。他还说,你面前有几个商人等你算,一点不能出错,这才是一个真本领。打算盘,什么手指管什么珠是一定的,不能错,五个指头分了工的,差一点都不行。我也打得不到家,下面一个打上去,总离开一点,这就难办,是上面或是下面呢?这就是功夫。

青浦县立乙种商业学校的短暂学习生涯,为陈云以后成长为共和国的"红色掌柜"打下了第一块基石。

历史小课堂

算 盘

算盘是一种计算工具,起源于中国。著名学者李约瑟曾称算盘是中国的"第五大发明",这也是对中国算盘的最高评价。现存最早的算盘是15世纪中国制造的一把"七珠"算盘。

算盘的形状为长方形,周为木框,内贯直柱,俗称"档"。一般从九档至十五档,档中横以梁,梁上两珠,每珠作数五,梁下五珠,每珠作数一,运算时定位后拨珠计算,可以做加减乘除等算法。

现在,算盘在亚洲和中东的部分地区仍有使用,尤其见于商店之中。另外,电脑的基本原理与珠算一致,它们在一些方法、技巧等方面相互对应,所以算盘又被称作"形象化的电脑"。

(房中)

幸遇伯乐
入颜安小学读书

情系母校

母校是一个人永远的牵挂。1986年9月，陈云为母校颜安小学题写了校名。之后，学校师生用贝壳制作了一件工艺品送给他，表达真挚的谢意。陈云将这件工艺品一直摆放在办公室里。第二年教师节到来之际，颜安小学举行了校牌揭牌仪式。在这所学校里，陈云留下了很多美好的回忆。

1917年深秋的一天，一位身材高挑、面庞俊朗、身着一袭长衫的先生径直走向小酒馆的墙边落座，举手投足间尽显优雅风度。廖文光赶紧上前招呼："您来了！还是老样子，油爆鳝丝、敲扁豆，外加一壶酒？"先生微笑着点头道好。这位先生是颜安小学的校长杜衡伯，也是小酒馆的常客。

杜衡伯，又名杜枢，青浦县新桥乡小赵屯人，生于农民家庭，却自幼勤学，耕读不辍，后肄业于松江府中学堂。松江府中学堂历史悠久，以"维新图强"为训育目标，其前身是创办于清乾隆十八年（1753）的云间书院。1895年，松江开始推行新式教育。在新式教育的浪潮下，1904年，云间书院改建为松江府中学堂，学制四年，以"中学为体，西学为用"为办学宗旨。接受过新式教育的杜衡伯于1913年春任颜安小学校长，大兴新学，增设珠算、手工、体育等科，使颜安小学闻名远近，四乡学子慕名前来求学。

见客人已点过菜，陈云赶紧放下手中的活，跑到灶前帮舅父烧火。

杜先生见陈云如此机灵，不由得对他很是好奇，忍不住跟他交谈起来。一番交流之后，杜衡伯发现这个个头不高、两眼炯炯有神的"店小二"竟然谈吐不俗。杜先生有意考问陈云学问，问他：会背《古文观止》里的名篇吗？陈云一一背诵，既不露怯，也无骄色。杜衡伯在心中暗暗赞叹，同时也不免遗憾：如此聪慧的孩子怎么辍学在家呢？

廖文光看出杜先生的疑问，主动说道：这孩子命苦，父母早亡，孩子由我抚养，可家里实在困难，只能耽误这孩子了。

杜衡伯想起自己求学时家里拿不出来学费，全赖叔父接济资助，才得以完成学业。他希望自己也能像叔父一样帮助别人。他也实在不忍如此聪明伶俐的孩子失学在家，便问陈云：你还想继续上学吗？

陈云目不转睛地看着杜先生，流露出渴望的神情，可他什么都没有讲，只是咬了两下嘴唇，微微地点了几下头。他深知家里的境况，担心舅父因不能送他上学而自责。

看到如此懂事又聪颖的陈云，杜先生笑着说：好！那你明天就来上学吧，学费的事我来安排。

舅父和陈云喜出望外，回过神来的舅父赶紧让陈云向杜先生道谢。就这样，他终于再次叩开了学校的大门。十二岁的陈云又能继续上学了，学校还是闻名遐迩的颜安小学，陈云心里的兴奋劲溢于言表。

颜安小学离陈云家不远，坐落在舅父家小酒馆东侧不远的下塘街十六号。学校初设于清光绪十五年（1889），名为颜安书院，由顾香远任院长。因地处练塘古镇东部的颜安里而名，取"颜子安贫乐道"之意。后在清政府推行新学和私塾改良思潮的影响下，1905年学校改为颜安初等小学，1916年改为颜安国民高等小学。1915年在颜安小学创设十周年庆典之际，杜校长还特地召开纪念会。当时具有广泛社会影响的报纸《申报》还对此次纪念会进行了报道。陈云为能在如此优秀的学校读书而自豪，更暗下决心要努力学习，不辜负杜校长的期许。

高小的课程不比初小，除了语文、算术，还增加了美术、手工操作等方面的课程。陈云对这些课程充满了好奇，入学后学习劲头更足，学习也更加刻苦。每到夜晚，陈云家的窗纸上总是映出一个伏案苦读的瘦弱身影。刻苦努力的陈云成绩一直名列前茅，令舅父母十分欣慰。

颜安小学

陈云在颜安小学读书时的教室

1919年夏,陈云没有辜负舅父母的苦心,更没有亏负杜校长的热心帮助,以优异的成绩从颜安小学毕业。

颜安小学带给陈云的不仅有新的知识,更打开了他接受新思想的闸门,让他在不断求索的漫长过程中逐渐拥抱新世界。

历史小课堂

民国初年学制

1912年民国初立,教育部即进行学制改革,9月颁布"壬子学制",后又陆续针对办学宗旨、办学经费、教育教学考评等方面公布了各级各类学校的命令。1913年年底,正式形成"壬子癸丑学制"。

该学制整个教育期为十八年,共分三段四级。一为初等教育段,分为初等小学校、高等小学校二级,初小四年,高小三年,共计七年;二为中等教育段,只有一级,四年或五年;三为高等教育段,亦只有一级,分为预科、本科,共计六年或七年。此外,在初等教育段之下有蒙养园,在高等教育段之上有大学院,不计年限。

"壬子癸丑学制"明确规定初小为义务教育阶段,这项规定为后来1922年颁布的"壬戌学制"所继承。

(余薇)

陈云等人为颜安小学校长杜衡伯在校园内建造的纪念塔

运动洗礼
参加五四宣演

伟大开端

五四运动爆发于民族危难之际,是一场以先进青年知识分子为先锋、广大人民群众参加的彻底的反帝反封建的伟大爱国革命运动,是一场中国人民为拯救民族危亡、捍卫民族尊严、凝聚民族力量而掀起的伟大社会革命运动,是一场传播新思想、新文化、新知识的伟大思想启蒙运动和新文化运动,其以磅礴之力鼓动了中国人民和中华民族实现民族复兴的志向和信心。年仅十多岁的陈云在班主任张行恭的带领下,也参加了这场运动。陈云在这场运动中做了什么呢?

1919年5月中旬的一天,颜安小学的师生们聚集在一间茶馆中演出,镇上的人都聚集到茶馆观看孩子们表演。台上为首的那个演员便是陈云,他正慷慨激昂地表演着……

陈云参演的这出剧名叫《叶名琛》。1857年英军入侵广州城时,两广总督叶名琛"不战不和不守,不降不死不走",以致最后城陷被俘，客死印度。此事引发极深民怨，有人称其为"二十四史翻完，千载奇人未有"。尽管他最后不食英粟而饿死，但他作为两广地方最高指挥官、清朝从一品大员，临阵惊慌失措，不作守疆卫土之图，导致城陷，难辞其咎。这出剧正是对这段历史的回顾。

演到高潮时，陈云慷慨陈词：同学们，同胞们，国家兴亡，匹夫有责。北方的同学起来了，他们要"外争主权，内除国贼"。我们青浦人民也要团结起来，一致对外。说罢，他使劲一跺脚，竟将桌上的茶壶碰翻在地。

围观的人无不拍手称好，不过也有乡亲纳闷：怎么阿金这么喜欢学习的孩子不在学校上课，跑到茶馆来演剧了？

事情还要从第一次世界大战结束讲起。

1919年1月18日至6月28日，二十七个战胜国的代表在法国巴黎凡尔赛宫举行"和平会议"，史称巴黎和会。

中国作为战胜国之一，特派代表出席了巴黎和会，中国代表团在会上提出了多项旨在取消列强在华特权的条件，包括废除"二十一条"、归还德国在山东拥有的各项权利。然而，英、美、法三国对山东问题作出最后裁决——德国在山东的一切权益均让与日本，并强迫中国无条件接受。

中国代表指出，"此次和会条件办法，实为历史所罕见"，并对和会的这种做法提出抗议。但是，北洋军阀政府屈服于帝国主义列强的压力，居然准备在和约上签字。

消息传到国内,激起了全国人民的极大愤慨。1919年5月4日,北京三千多名学生举行示威游行,他们高呼"外争主权,内除国贼""誓死力争,还我青岛""废除二十一条""拒绝在和约上签字"等口号,一致要求惩办亲日派官僚曹汝霖、陆宗舆、章宗祥。消息传出,全国工商各界宣布支持学生的爱国行动。

五四运动的爆发,激起颜安小学师生的极大热情,他们积极投身到这场轰轰烈烈的反帝爱国运动中去。

1919年5月9日,青浦学界举行游行示威,声讨卖国贼曹汝霖、陆宗舆、章宗祥的罪行,城乡各界民众高呼"提倡国货""抵制日货"的口号,散发传单,通电全国要求释放因爱国运动而被捕的学生。11日,青浦县教育会发动全县各校停课三天,上街宣讲国耻。

五四运动中向天安门行进的北京大学学生队伍

颜安小学的师生也很快行动起来。当时，陈云已经是颜安小学高年级的学生。他品学兼优，既有较强的组织能力，又有极好的口才，在同学中有较高的威望，是学校里声援活动的核心人物之一。在班主任张行恭的带领下，陈云参加颜安小学高小部师生组成的童子军、救国十人团及宣传队，到练塘镇街头、明因寺及附近的小蒸、泖口等地宣讲国耻，表演短剧，张贴标语，号召抵制日货，高呼"睡狮快醒""不当东亚病夫""打倒卖国贼""废除二十一条""收回青岛"等口号，声援北京的学生爱国运动。正是因此，乡邻才会看见陈云茶馆演剧的一幕。

除了演剧宣传，陈云还在校内带头发起组织救国储金会，号召同学们省下一枚铜板，动员同学们捐献零用钱，还到街头募捐，为爱国宣传活动筹措资金。

经过五四运动的洗礼，陈云更加关注国家大事，萌发了朴素的爱国情怀。

历史小课堂

陈云五四时期的演剧经历

对于在颜安小学演剧宣传这段经历，1939年在延安纪念五四运动二十周年时，陈云应《中国青年》杂志编者之约撰写短文，生动地回忆起这段经历："五四的时候我才十五岁（编者注：指虚岁），是一个高等小学三年级的学生。那个学校是在上海附近的乡间，很快就受到五四的影响。我们由一个姓张的教员领导着罢课之后，还进行了宣传和演剧。我还记得我们演的剧叫做《叶名琛》,我也扮了一个脚色。有一次在茶馆里讲演,我演讲的时候手足似乎蛮有劲,把脚一顿,茶馆里桌子上的茶壶都给碰翻了。这个小镇也罢了市,人民反对日本和反对卖国贼的情绪,确是很高涨。"

（房中）

少年听客
"我是听戤壁书出身"

评弹情深

1994年5月,陈云住进北京医院。病房一角放着他收藏的七百多盘评弹磁带,只要病情稍好一点,他都会听一听。去世前一天,他听了一盘评弹录音带《一往情深》。吴侬软语伴着琵琶清脆,他神态安详,静静地听着,静静地走完了人生的最后旅途。他为什么喜欢听评弹?这还要从他的幼年说起。

练塘属于吴语区,盛行江南丝竹与评弹。

评弹是苏州评话和苏州弹词的总称。它是发源于苏州,流行于江苏、上海和浙江的一种民间说唱艺术,至今已有数百年的历史。苏州弹词一般两人说唱,上手持三弦,下手抱琵琶,娓娓道来,内容多为儿女情长的传奇小说和民间故事。

一方水土养一方人,陈云很喜欢江南丝竹和评弹,常常到母亲结拜姐姐的儿子万秉章处学习吹笛子、拉胡琴、弹琵琶。万秉

民国时期评弹演员演唱评弹

章比陈云大八岁，家里生活同陈云一样艰辛，因此很小的时候就被卖给隐真道院当道士。因为同样的喜好和经历，两人时常在一起玩耍，度过了一段艰辛而快乐的时光。陪伴陈云成长的还有评弹艺人的娓娓道白和丝弦弹。空闲的时候，如果恰好书场有演出，舅父总会带着陈云去书场听书。

去书场听书，开始是舅父带他去，后来陈云有空时常一个人去。时间长了，书中讲的故事，他基本上都能原原本本地记下来，讲给人家听，从中不知不觉地积累了许多知识。评弹中关于《三国演义》诸葛亮用计如神、《水浒传》英雄好汉替天行道、历代忠良豪杰舍生取义的一幕幕历史话剧，深深影响少年陈云的成长。

一天傍晚，舅父让陈云到邻居家借东西。陈云立即出门，路过长春园书场时，里面恰好传来一声"吁——"的嘶鸣声，那声音真是穿云裂石，中气十足，一听便知这是评话八技之一的马叫。陈云被这高超的口技所吸引，心想：听一会儿再去借东西也可以。到了书场门口，看到了当天的书目是《隋唐·校场比武》，他便和往常一样靠在墙边听着。听到先生说宇文成都劈向李元霸时，陈云的拳头跟着握了起来；听到李元霸一个用力掀开了宇文成都的兵器时，陈云使劲地拍了拍大腿。就这样，不知不觉中，陈云一直听到先生讲出了"宇文成都落下马匹被李元霸擒住，欲知宇文成都生死，且待下回分解"后，才随着人群散场回家。

路上，依旧沉浸在书中的陈云想象着说书先生摆出的架势，手脚不自觉地比画着，嘴里配上"嗖嗖"的声音，还不断想着下一回书的走向，很快便回到了家门口。舅父问：让你借的东西呢？他这才想起来：坏了！忘记了！赶紧又往邻居家跑去。

陈云舅父家东边、混堂浜西侧，本来有个开设于清朝末年的畅园书场。也许是座位少容纳不了太多听众的缘故，民国初年，在畅园书场的旁边又造了一个新书场，取名"长春园"，有一百来个座位。为了招徕听众，书场经营者每天上午派个伙计，肩上

建于民国初年的长春园书场

扛个木牌，上面写着当天书目及艺人姓名，在镇上沿街走一圈，等于为书场做广告。每当这时，一群孩子跟在伙计的后头，跑着跳着。在这群孩子中间，时常就有陈云。

有一次，长春园书场请了一位知名的评弹艺人说唱《铡美案》。说书先生的精彩技艺吸引了在场的每一位观众，陈云也深深地"入戏"。回家后，包公铁面无私、秉公办案怒斩陈世美的情节久久萦绕在他的脑海。从那时起，年少的陈云决心要像包公那样坚持真理，刚正不阿。

晚年，陈云回忆起幼时听书的场景还历历在目，他说：先是跟舅父去听，听上瘾了，有时候也一个人去听。当时的书场大多设在茶馆里，听书要付三个铜板买一根竹筹，没有那么多的钱买竹筹，他只好站在书台对面墙角边老远地听先生说书。因为是在光线阴暗的角落，又是站着听，所以谑称为"阴立"，又称听戤壁书。我是听戤壁书出身的。

就这样，在一部部、一回回的评弹书目中，陈云培养了对于评弹的爱好。到商务印书馆工作后，每逢有评弹演出，陈云都要拉着朋友去听，沉浸在清丽婉转的弦索叮咚声中久久不能自拔。陈云还自己买了二胡、笛子，一有时间就练习拉二胡、吹笛子。

正如陈云所说的那样，在一场场褒忠良贬奸恶的故事中，他幼小的心灵受到了真善美的教育，进而影响了他的一生。

陈云听戏壁书（历史画）

历史小课堂

苏州评弹学校

苏州评弹学校成立于1962年，是由陈云亲自提议创办的省属中等专业艺术学校。学校秉承原名誉校长陈云"出人出书走正路"之校训，以"做特、做精、做优"为办学理念，以"特色专业创一流学校"为发展思路。现设戏曲表演（评弹表演方向）专业等，为江苏省高等职业示范专业、江苏省五年制高等职业教育特色专业。

半个多世纪以来，学校培养了一大批优秀人才，为弘扬民族文化、传承吴地文脉作出了重要而特殊的贡献。

（马搏远）

师恩如山
"先生是我的引路人"

人生关键一步

陈云曾在他给恩师张行恭的一封信中说道:"我衷心感谢你和子宏先生,因为你们帮助我离开章练塘,进入商务,在那里使我有可能走向革命的方向。"感激恩师之情溢于言表。陈云在弥留之际,还与女儿陈伟兰诉说去商务印书馆对自己的影响,他意味深长地说:"从青浦到上海,这是我人生中间非常重要的一段,这步迈出去以后,才有机会接触到共产党,才有这一生。"

20世纪50年代的一天,上海兴国路招待所灯火通明,国家领导人陈云正在宴请宾客。席间,陈云拉着一位老先生的手,动情地说:"没有你先生,就没有我今天。"这位先生是谁,竟让陈云如此敬重?原来,这正是陈云记忆中喜穿长衫马褂的恩师张行恭。

在颜安小学,陈云的班主任不是别人,正是张行恭。二人初识于1917年的深秋,当时陈云年十二,张行恭年二十七。正是张

张行恭夫妇

行恭这位身穿长袖青衫，浑身上下洋溢着温文尔雅书卷气的儒生帮助陈云迈出了人生中最为关键的一步。

张行恭（1890—1964），字子谦，出生在松江一个农民家庭，父母虽是农民出身，却很开明，十分重视儿女教育。张行恭因此得以饱读诗书，国学功底深厚。

张行恭十七岁到文明书局当艺徒，后因辛亥革命爆发，文明书局暂时停工，被迫离开。此后又相继在中华书局、中国图书公司、右文社等公司当店员，于1917年转从教育事业。先是在松江明静堂小学当四年级级任，继而被青浦颜安小学聘任为六年级级任。

那时的中国正处于急剧的变革之中，新式学堂林立，新思潮渠满而溢，不断涌向校园。新旧交替之际，青年一代的培养该走向何处，成为张行恭思考的教学重点。主动接受新思潮洗礼的张行恭，身体力行，引导学生勇立时代之潮头，发思想之先声。

张行恭的课很受学生欢迎，一身书卷气的他讲到康有为"公车上书"之壮举、"戊戌六君子"慷慨就义、孙中山弃医从政时，总是慷慨激昂，拍案而起，喷薄而出的爱国之情滋养着学生们一颗颗幼小的心灵。不知从何时起，陈云心中早已埋下的种子被唤醒，在他小小的身体里生长起来。

1919年的夏季，陈云以优异的成绩从颜安小学毕业了。但因家庭不堪重负，懂事的陈云没有选择继续升学，而是主动承担起家务，在家照看小表弟，在小酒馆做些杂事，帮助舅父共同支撑家庭。

虽然陈云心意已决，但心中仍免不了憧憬之情，他渴望继续深造，继续听老师讲述外面的世界。正在陈云怅然若失之际，张行恭老师的家访驱散了他周围的迷雾。每年开学后，张行恭都按惯例到毕业生家中家访，他自己解释："一来我是喜欢关心人，二来责有攸归，了解了哪几个升学，哪几个就业，于心就安了。"谁知张老师这一惯性的举动，竟改变了陈云的人生。

看到陈云近况，张行恭感慨良久：与陈云一起毕业的同学，大部分考取了松江三中和青浦县中，也有少数就业的，但唯独学习最优秀的陈云同学没有出路，留守在家。张行恭不禁问陈云的舅父母：为什么让孩子失学在家？

得知陈云因家中经济拮据不得升学后，又问：那怎么不让他去就业呢？

舅父廖文光无奈地回答：就业也不是一件容易的事。要拜托亲友介绍，我们哪里去托啊？

这样一个品学兼优的好学生，升学无钱，就业无门，眼下时局如此动荡，他该如何生存？看着和自己妹妹一样年纪的陈云，张行恭有些心疼，慨然表示：升学，我无多余的经济补助；在就业方面，或可与他想想办法。舅父与陈云听了很兴奋地感谢老师的关怀。

张行恭的弟弟张子宏在1909年考进商务印书馆，已经工作了十年，早已当上了文仪部主任。张行恭便想让弟弟张子宏推荐陈云到商务印书馆工作，于是提笔给弟弟写了一封信。

一个月后，弟弟张子宏回信，答应陈云前去商务印书馆应聘。

1919年12月8日，农历十月十七，瘦小的陈云带着简单的行装，

张子宏

不舍地离开家，在老师张行恭的带领下，搭乘一叶小舟，渐渐消失在星罗棋布的水网之中。张行恭一路陪着陈云，叮嘱他千万要好好学习，积极上进，切不可被十里洋场所迷惑。这一天给陈云留下了深刻的印象，以至二十多年后他在延安写自传时，还清楚地记得"农历十月十七"这个日子。

就这样，陈云开始了在商务印书馆当学徒的生涯。正是在商务印书馆，陈云进一步学习新知识，接受新思想，浇灌心中的爱国之花，践行爱国之志，成就了伟大光辉的一生。

历史小课堂

十里洋场

十里洋场指的是新中国成立之前的上海，反映了一段屈辱的历史。新中国成立前的上海有"东方巴黎"之称，那里集聚了各色外国人，各色异域货品琳琅满目，到处都充斥着浓郁的西洋风情。

"十里洋场"一词原为"十里洋泾"，指上海租界地洋泾浜。在上海故城北门外一里余，有一条洋泾浜，它是黄浦江的支流，英法租界的界河。它的北面为英租界，南面为法租界，美租界则在虹口。这条河不仅是华洋分居的界河，也划分出中国与西方、传统和现代等不同风格。在租界里，西方侵略者修桥铺路，建茶楼酒肆、舞厅会馆等灯红酒绿之场所。于是，人们就把"十里洋泾"改为"十里洋场"。

因"洋场"有双关之意，既指租界地洋泾浜，又指洋人肆意掠夺与花天酒地的场所，后来，"十里洋场"一词的外延不断扩大，代指整个旧上海地区。而如今，"十里洋场"已经只剩下"洋"这个字了，其附带的屈辱都随祖国的强大而烟消云散了。

（刘楠）

严于律己
培养坚强意志力

志坚行苦

自幼便失去父母疼爱的陈云穷且志坚,他学习"仲尼厄而作《春秋》;屈原放逐,乃赋《离骚》;左丘失明,厥有《国语》"的精神,对学习、工作没有丝毫的懈怠,一直严格要求自己。那么,陈云是如何严格要求自己的呢?

1913年隆冬时节,寒气逼人,轻霭低笼,沉睡的街道被点点星光唤醒,八岁的陈云正竖脊端坐,悬臂握笔,借着微弱的烛光认真习书。

原来这几日私塾里刘先生正教习字,先生从扶手润字开始教起,先教笔法再教临摹,每日讲习结束后,先生都留日课。陈云因下了私塾还要到舅父的小酒馆帮忙,晚上没时间习字,便早起练字,对课业极为认真。因字写得端正,陈云总被先生表扬。先生还勉励陈云:字如其人,书法造诣可以反映一个人的学识、修

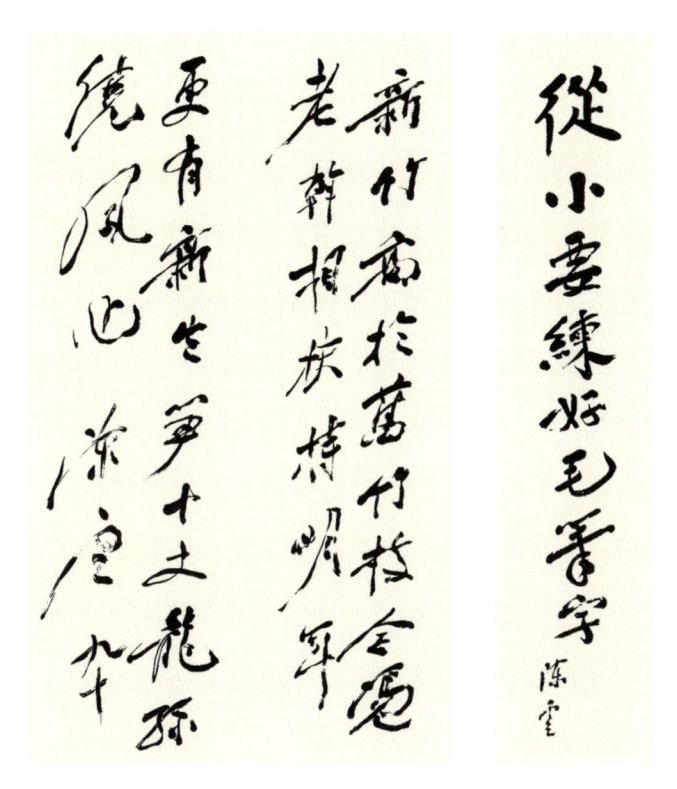

陈云写的书法条幅　　　　　　　陈云的题词

养与品位，定要勤加练习。

　　每日习字，陈云不仅培养了沉稳的心性，更培养了坚强的意志力。爱玩是孩子的天性，小孩子大多贪玩，可陈云却是例外。放学后，每每小伙伴们来唤陈云出去玩耍，他偶尔跟出去玩一小会儿，且多是在一旁站着，看伙伴们玩耍，脸上时不时露出惬意的微笑。回家后，他便继续一丝不苟地温习功课，或是继续帮舅父母料理家务。

　　"书无百日功"，陈云谨记先生教诲，入新式学堂后也坚持每日早起习字。他在商务印书馆当学徒后，虽每日要早起帮师傅洗马桶，但仍坚持晨起练一练字。

在商务印书馆发行所工作期间，陈云每天都要给顾客邮寄书籍，每日都要在邮寄品上书写众多顾客的姓名与地址，为防止邮递员误读寄失，陈云总是把字写得格外端正清楚。工友看到陈云写的字总是自愧不如，并会感叹一句：邮递员看到廖兄的字定是会高兴一会儿，可以省好多工夫！哪个派送我等填写的，恐怕要抱怨喽！因为字写得好，陈云时常获得工友们的赞赏。

工作后，为了能阅读马克思列宁主义和苏联革命的进步书籍，陈云更是读书到深夜。当年与他同舍居住的陈竹平回忆说："每天清晨，天还没亮他就起身读书、写字、学英文；晚上下班后，回到宿舍也是读书写字到深夜，成年累月从未间断过。"他还鼓励其他工友与他一同进步："我们是青年人，青年人应该奋发有为；我们要做一个站在时代前面的青年，不要做时代的落伍者，更不要做暮气沉沉的青年。"

陈云的意志力超出一般人。他自幼体质弱，出生时，家贫母弱，没经几日母乳喂养，造成身体先天不足，后天失调。长大后，陈云意识到自己体质差，便有意识地强健自己的体魄。在商务印书馆工作期间，陈云总是每日早起去闸北公园锻炼身体，无论阴晴雨雪，从未间断。他不仅尝试球类运动，提升自身的力量与耐力，还学习打靶，锻炼自己的心态与反应速度。

在饮食方面，陈云也很有自制力。当时商务印书馆内许多同陈云一般年龄的青年总是看菜吃饭,菜品合胃口就多吃,菜品不称心意就少吃;而陈云总是吃两小碗饭。工友好奇地问他:"你怎么总吃两小碗饭?"陈云微笑着回答:"吃饭忽多忽少对身体不好啊!"

陈云用了四十多年的餐具

就这样,在成长过程中,无论是学习、工作、生活,陈云一直严格要求自己,有意识地培养自己坚强的意志力,奋发向上。这种精神值得我们每个人学习。

历史小课堂

陈云晚年练字用的文房四宝

下页图是陈云晚年练习书法使用的一套文房四宝。两支大楷、一支中楷羊毫毛笔,分别长二十点五厘米、十八点二厘米,上面写有"上海工艺"字样,中楷毛笔专门做署名用。宣纸长一百厘米、宽三十四厘米。"一得阁"墨汁,装在塑料瓶内,瓶身长六点五厘米、宽四点二厘米、高十七点二厘米。端溪砚为不规则形状,放置于木盒内,木盒长

陈云晚年练字用的文房四宝

四十二点三厘米、宽十八点五厘米、高四点一厘米。陈云从八十岁开始才恢复练写毛笔字，一直到八十九岁。练字的时间，开始时每次都是站立悬腕练半个小时到四十五分钟，以后随着年纪增加，根据医生意见缩短为二十分钟左右，最后减为十分钟左右。不管时间长短，陈云只要拿起笔就全身心地投入到练字当中。陈云最爱书写鲁迅的名言"横眉冷对千夫指，俯首甘为孺子牛"，还爱书写唐诗里的一些名句。

（徐紫薇、严玮）

第二篇章

革命之火燃初心

"志不立，天下无可成之事。"少年立志，能够坚定人生方向。少年陈云对各种社会思潮进行反复甄别比较，在五卅运动的暴风骤雨和革命理论的指引下确立自己的共产主义信仰，加入了中国共产党。在商务印书馆工作期间，陈云完成了从学徒、店员到一名共产主义革命者的转变。

入党后，陈云说"此身已非昔比，今后不是做'成家立业'的一套，而要专干革命"，立志为共产主义事业奋斗终生。从此，他为中国共产党领导的中国人民的解放事业和社会主义事业奋斗了整整七十年，贡献出毕生的精力。

奋发有为
做一个站在时代前列的青年

为商务印书馆题词

1982年，陈云为商务印书馆建馆八十五周年题词："商务印书馆是我在那里当过学徒、店员，也进行过阶级斗争的地方。应该说商务印书馆在解放前是中国的一个很重要的文化教育事业单位。"

商务印书馆创办于1897年，是当时中国最早的、在国内外有广泛影响的重要文化教育出版单位。创办人是青浦籍人士夏瑞芳。最初只设立一家印刷所经营印刷业务，属于一个小小的手工工场，后来逐渐发展壮大。张元济进入商务印书馆担任编译所所长后，商务印书馆开始编辑出版教科书、辞典、外国文学作品、科学译著及学术著作等，还兼售中外文具、仪器等，规模不断扩大。

当初，陈云进入商务印书馆并不是那么顺利。陈云到商务印

油画《青年陈云》（作者：陈逸飞）

书馆后，在张子宏引荐下，去见发行所所长。所长见陈云长得瘦小，说：你先回去，等长大了再来！张子宏只好对所长说：招收学徒，我看还是要看能力，是不是先试用三个月再说？所长碍于情面，同意了他的请求。

来到了当时中国现代化程度最高的都市上海，又进了商务印书馆，陈云眼前的天地开阔了许多，也有了更多提升自己的机会。当时的上海，不仅在亚洲首屈一指，而且是仅次于伦敦、纽约、巴黎、柏林的世界第五大城市。中与西、新与旧、传统与现代、贫困与繁荣等不同事物奇特地交织在一起，陈云看到了一幅斑驳陆离的画卷。同时，上海不仅是通商的大码头，而且是新知识、新思想、新文化的汇聚地。商务印书馆的创办人夏瑞芳请到了学贯中西的张元济后，以兼容并包、兼收并蓄为治馆方略，吸引英才，集聚百家学术，引领中国文化的潮流。

陈独秀、瞿秋白、蔡和森、叶圣陶等众多学者都与商务印书馆有不解之缘。陈云虽然未有机会直接接触这些名流，但或多或少读过他们的作品，听过他们的演讲，在耳濡目染中提升了文化与思想修养。

商务印书馆先进的管理模式、宽容的文化态度、严谨的契约精神、良好的信誉品牌等企业文化，使陈云在潜移默化中受到教育和熏陶，提升了思想境界，以至于后来陈云在领导财经工作中，多次讲到自己在商务印书馆的工作经历。

但因为身材瘦小，刚到商务印书馆时，陈云受到了质疑。"陈云做这事恐怕不行吧？"是啊，你看他那么瘦小，柜台都够不着，能行吗？但陈云丝毫不理会这些质疑。为了让陈云够得上柜台，张子宏特意给他做了一条一尺多高的长条凳，他便踩在长条凳上接待顾客。

商务印书馆在上海棋盘街建的发行所新楼

做学徒期间，按规矩徒弟每天早上要把师傅的马桶给倒掉。有些学徒觉得马桶又脏又臭，不愿意干。陈云每天早上总是第一个起床，起床后立即把师傅的马桶给倒掉。但偶尔也会因为业务问题受训挨骂，就是在这种情况下，陈云也从不气馁。不熟悉业务，那就做上千遍万遍；遇到问题，他就询问同事和指导老师，再加以琢磨研究。日复一日，勤学好问的他不久便成为业务能手。当时文具柜经销的美国派克牌钢笔可谓风靡一时，但是钢笔容易坏，经常有顾客过来要求售后修理，陈云做学徒的日子虽短，对

1926年，商务印书馆虹口分店暨中国商务广告公司同人合影。后排右五为陈云

此却十分在行，很快就能熟练地拆洗修理。店员需要练的基本功如用牛皮纸包书、用绳子捆扎这类的活，对陈云来说就更不在话下了。顾客众多、业务繁忙时，他利索的动作、精准的计算常常赢得顾客的赞许。

在商务印书馆做学徒、店员期间，陈云对每一个读书机会都十分珍惜。商务印书馆虽职工人数众多，但许多人有觉悟、有组织纪律性、有战斗力，而且具有较高的文化水平。陈云利用这里文化氛围浓厚及图书特别丰富的有利条件，如饥似渴地读书，不断接受新知识。他读马克思主义书籍，读反帝反封建书籍，读自由科学书籍，接触到了当时社会上流行的各种思想和政治主张。

他还利用工作之余，积极参加商务印书馆为职工开办的进修班，学习英文、毛笔字等课程。这几年的阅读学习，为他后来投入革命迅速成长产生了积极的作用。

历史小课堂

《新华字典》

商务印书馆对中国文化出版事业有诸多贡献，其中一个就是编撰词典。大家日常用到的《新华字典》便是由商务印书馆出版的。

《新华字典》是中国第一部现代汉语字典，其前身为"伍记小字典"。1953年，人民教育出版社印行第一版《新华字典》，按注音字母顺序排列；以后续有修订，改用汉语拼音字母顺序排列，转由商务印书馆重排出版。然而，在1966年，《新华字典》的版被毁了。周总理指示，一定要有字典。于是1971年商务印书馆从咸宁干校抽调了一批有经验的老专家回京，做《新华字典》的修订工作。

《新华字典》可以说是中华人民共和国成立后出版的第一部以白话释义、用白话举例的字典，也是迄今为止最有影响、最权威的一部小型汉语字典，堪称小型汉语语文辞书的典范。

（周婧）

学习外文
扩大自己的视野

"挤"时间学习

陈云是刻苦学习的典范。毛泽东曾高度评价说:"陈云同志有'挤'的经验,他有法子'挤'出时间来看书、来开会。"他出生于贫苦农民家庭,小学毕业就当了学徒,但是他利用在商务印书馆当学徒和店员的机会,读了许多书,初步接触和学习了外文。下面我们就来看一下陈云在商务印书馆时期是如何发扬"挤"的精神,勤奋学习外文的。

陈云来到商务印书馆之初只是一名学徒,那时的他年龄较小,思想单纯,他为有这样一份能够养活自己的工作而感到幸运。但是,陈云在这里并没有停止追求进步的步伐,随着年龄的增长和工作的展开,他的眼界不断开阔,不断接触和接受新的思想。作为一名有志青年,他独立思考、勤奋求学,不断提高自己。

当时,商务印书馆是一个文化单位,文人荟萃,文化氛围非

商务印书馆，1897 年创办于上海

常浓厚。陈云在此阅读书籍，接触比较多的文化人，学习、进步，这些词在这个少年的内心烙下了深深的印记。

那时的上海被人称作"十里洋场""冒险家的乐园"，陈云初到这里便感受到了上海滩的繁华，但是他并没有迷失在这个像万花筒一样的城市。当时中西方文化汇聚的上海，很多外国人在这里居住，而要与外国人做买卖，就连作为文具柜的一名柜员也需要具备英文会话能力，这让刚刚小学毕业从来没有接触过英文的陈云深刻意识到自己本领的不足和文化的缺乏。为了更好地完成工作，能够顺利地把文具卖给外国人，他利用工作之余，积极

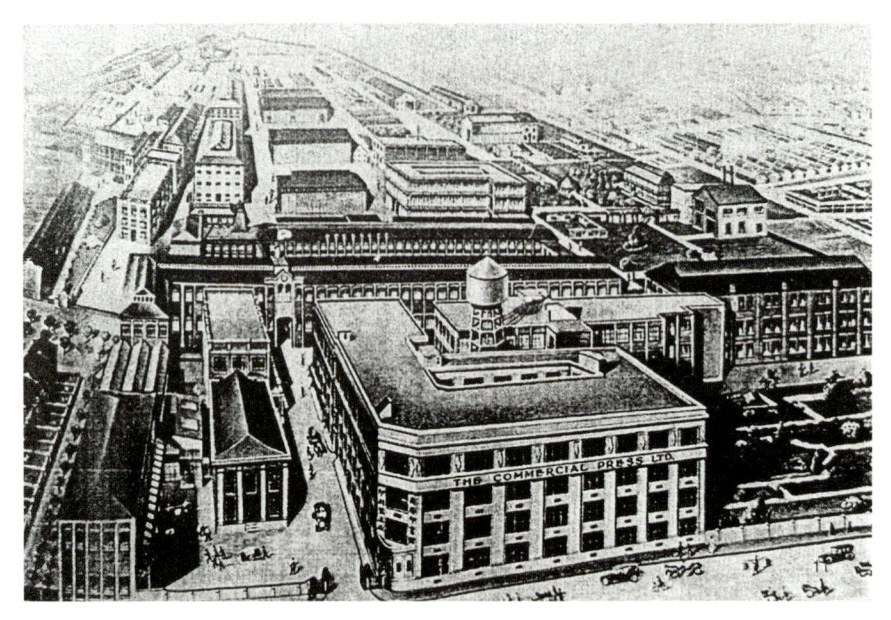

20世纪30年代初的商务印书馆上海总馆，1932年毁于日军炮火

学习和背诵英文，提升自己。

商务印书馆非常重视职工教育，在当时上海火车北站华兴路职员集体宿舍附近设立了"上海图书学校"，利用业余时间，教授职工英文、图书分类知识及书刊出版、印刷的有关知识。

陈云抓住这个学习机会，参加进修班，"挤"出时间读书，如饥似渴地学习。他每天去上夜校补习英语，要求自己记三十个英文单词，慢慢地，能稍微看懂英文报纸了，会话也能说些"洋泾浜"了。不到三个月，陈云便熟悉了业务，能用英语与外国人做生意，成绩斐然。当时瘦小的陈云站在文具柜柜台里卖货，有一天，来了一位外国人，想买一支钢笔，但是他只会说英文，不会讲汉语，柜台里其他柜员由于语言交流障碍，都往后面躲，小个子陈云这时主动站了出来，充满自信地与外国客人交谈，英文非常流畅，得到了客人和其他店员的赞赏。由于业务能力出色，后来陈云提前一年由学徒身份转正，正式成为商务印书馆的一名工人。

在商务印书馆，陈云的学习是异常艰辛的。陈云每天实际的工作时间往往超过十四个小时，一天下来，已是疲惫不堪。其他工友回到宿舍就早早休息了，但陈云不服输，晚上下班后，他手捧书卷，还要上夜校去补习英语。每天晚上从夜校回到宿舍，陈云总是最后一个休息的。每天清晨，天还没亮，他又是第一个起床的，起来朗读、背诵，练习英文。"闻鸡晨舞剑，借萤夜读书"，这便是陈云在商务印书馆期间勤奋自学的真实写照。

此外，陈云还努力学习俄语。在夜校，陈云结识了一位苏联籍同学，两人志同道合，感情甚笃。他向苏联同学学习俄语，二人相互用俄语和汉语交流，边学习语言边交流对苏联和中国革命运动的看法。在这位苏联同学的帮助下，陈云的俄语学习进步很快，为阅读俄文马克思主义小册子提供了便利，也为他以后的俄语学习培养了兴趣，奠定了基础。陈云晚年的书房里还一直保留着两本工具书——《华俄辞典》和《俄华辞典》。

《华俄辞典》和《俄华辞典》

年少时培养的学习习惯对陈云性格的塑造和人生观的培养产生了深刻的影响,此后,挤时间学习的良好习惯伴随了陈云的一生。他以一个高小毕业生的文化程度,后来成为知识广博、眼界开阔、有远大理想的共产党领导人,成为坚定的马克思主义者,同这几年的勤奋读书是分不开的。

"塞翁失马,焉知非福",虽然陈云在年少时没能在学校里继续接受教育,但在工作中得到了在商务印书馆学习的机会。良好的平台基础固然重要,但如果他自身缺乏强烈的求知欲,不吃苦耐劳、刻苦奋斗,是不会有后来的卓越成就的。

历史小课堂

商务印书馆

商务印书馆是中国现代出版业中历史最悠久的出版机构。1897年,夏瑞芳等创办于上海。初以印刷为主,后兼营出版。1902年,张元济加入,开始编纂学校用书和翻译出版外国著作,还出版各类辞书和期刊,并逐步出版学术著作和影印善本古籍。至1948年,共出版一万五千余种。抗日战争时期总馆迁重庆。抗战胜利后迁回上海。1954年迁北京。现主要出版中外语文辞书、国内哲学社会科学研究著作、各科教材、普及读物及学术期刊、翻译出版国外哲学社会科学著作等。

(范莎莎)

经历风雨

参加五卅运动

题写五卅运动纪念碑碑名

1925年5月30日,震惊中外的五卅运动在上海爆发,并很快席卷全国。五卅运动是中国共产党领导下的群众性反帝爱国运动,它标志着大革命高潮的到来。商务印书馆年轻的工人陈云,也积极投身到这场伟大的爱国主义运动中。1985年2月,在纪念五卅运动六十周年之际,陈云为上海市五卅运动纪念碑题写碑名。

商务印书馆的职工中有不少人深受革命思想的影响。在当时的上海,陈云深切感受到中国工人常年受外国资本家的严重剥削。

1925年5月15日,上海发生了日本纱厂资本家枪杀工人、共产党员顾正红事件。这件事彻底激怒了中国人民,也成为五卅运动的导火线。5月30日,上海爆发了声势浩大的反帝大示威,工人罢工,学生罢课,商人罢市,震惊中外的"五卅"反帝爱国

五卅运动中上海各界群众的游行队伍

运动像火焰迅速燃遍整个上海,席卷全国。这深深激发了青年陈云对帝国主义极大的愤慨之情,他与商务印书馆的广大职工一起,毅然决然地投身到声势浩大的运动浪潮之中。

作为重要的社会事件,五卅惨案的发生,理应在报界引起及时关注并被详细报道,但事实并非如此。外国报纸自然是颠倒是非,而中国人自办的报纸迫于压力,为了自保,对五卅惨案都一致地轻描淡写,有的报纸索性不报道运动的进展情况。

就在五卅惨案报道无望的时候,1925年6月3日,由商务印书馆出资、上海学术团体对外联合会主办的《公理日报》诞生了。

该报大篇幅对五卅惨案的经过做了连续报道，起到了正确的舆论引导作用，使更多的人了解了真相，从而积极投身到"五卅"爱国运动之中。

在目睹帝国主义的残忍行径后，陈云和工友们一起走上街头举行罢工和示威游行，参与到这场声势浩大的运动浪潮之中。为了《公理日报》能继续出版，让广大市民了解五卅惨案的真相，陈云几乎天天都走上街头，参加《公理日报》义卖和募捐办报活动。活动中，陈云与伙伴们还与读者积极互动，了解他们的读后感受，记录读者对于事件的评论，这样一来既解决了办报经费，又进一步做了正确的舆论引导。

此外，陈云还积极地参与商务印书馆组织的罢市、游行和募捐活动，大力支援这场反帝爱国运动。

1925年6月24日，《公理日报》在出版二十二天后，终因经费和印刷问题不得不停刊。而在这二十二天时间内，陈云目睹同胞遭受迫害，亲身参与这场爱国运动，感受到蕴藏在人民之中的巨大力量，完成了思想上的蜕变。

《公理日报》

在五卅运动后不久，1925年6月21日，商务印书馆工会成立大会在上海虬江路广舞台举行，到会的会员和各界代表多达四千人。担任会议主席的是王景云，陈云作为商务印书馆工会代表在大会上讲话，他使商务印书馆的职工认识到"工人要解脱苦痛，只有工人自己向前去奋斗；工人自身的利益，只有工人自己去要求"。

之后，陈云经常到职工宿舍去串联，鼓励大家要志存高远，为美好的未来而斗争。他向工友们分析五卅运动后的社会形势，指出当时民族主义革命思想蓬勃发展，加上上海邮政工会罢工的胜利，鼓舞了大家的斗志，一场新的斗争正在酝酿之中。

五卅运动中经受的洗礼，对陈云今后道路的选择有着重要启蒙意义。在平凡生活和改变命运的十字路口，他义无反顾地选择了改变命运，而他所要改变的正是在经受苦难之国家命运，改变经受迫害之国人命运。

历史小课堂

顾正红与五卅运动

1925年5月15日，上海日商内外棉七厂的日本资本家撕毁与中国工人达成的协议，关闭工厂，拒发工资。在中国共产党地下组织的领导下，顾正红带领工友与厂方斗争，率先冲开厂门。面对持枪的敌人，顾正红挺身站到工人队伍的最前头，领着工友高呼"反对东洋人压迫工人！""不允许扣发工钱！"等口号，后因身中数枪倒在血泊中。5月

16日，年仅二十岁的顾正红，终因伤势过重抢救无效而牺牲。

顾正红牺牲的当天，沪西日本纱厂两万多工人发表宣言，宣布罢工，呼吁各界人民支持和援助工人斗争。上海学生首先走上街头，工商业界也纷起声援。

5月24日，上海各界在潭子湾举行公祭顾正红烈士万人大会。5月28日，中共中央召开紧急会议，决定发动群众举行反帝示威游行。随后，罢工斗争迅速发展成为著名的"五卅"反帝爱国运动。

（毛惠芳）

投身工运

年轻的职工会委员长

中国共产党和商务印书馆

1921年7月23日，中国共产党第一次全国代表大会在上海召开，标志着中国共产党诞生。20世纪20年代，商务印书馆出版了大量宣传马克思主义的书籍，这里成为中国共产党早期的秘密联络点之一，也是早期工人运动的重要策源地。从这里走出了陈云、茅盾、郑振铎、叶圣陶、徐梅坤等一大批中共党员。

1925年爆发的五卅运动对商务印书馆的影响之一是成立了工会。工会包括商务印书馆的总务处（最初称总管理处）和发行、印刷、编译三所（简称"三所一处"）。为了重振五卅运动逐渐趋向低潮的上海工人运动，中国共产党号召工人举行了商务印书馆历史上规模最大的一次罢工斗争。

中国共产党派徐梅坤到商务印书馆，组成以徐梅坤为书记，包括茅盾、杨贤江、章郁庵等十余人在内的临时党团，加强对罢

1926年，商务印书馆职工会第一届委员合影。前排左三为陈云

工斗争的领导。年仅二十岁的陈云因为在发行所职工中有较高的威信及在五卅运动中的杰出表现，被临时党团看作组织罢工的骨干，这是他第一次领导工人运动。

当时的陈云虽然年轻，却拥有远大的理想抱负和积极的生活态度。他生活朴素、待人真诚，办事成熟稳重，经常帮助有困难的工友。他不仅奋发进取，还勉励大家要做站在时代前面的青年，因此青年工人们都认为他是一位有信仰与号召力的人。

诱发此次罢工的直接原因是职工们知道了商务印书馆当局有裁员的打算。商务印书馆虽然注重工人的成长，但也存在着对底层的低薪职工的剥削和压迫，如"薪金太薄""工作时间太长""男女工人待遇不平"等。这次计划裁员的消息一经传出，在工人中引起了很大的不满情绪。陈云和商务印书馆党组织决定抓住这一时机组织工人罢工。

1925年8月上旬，陈云、章郁庵等发行所的一些积极分子开了三次秘密会议酝酿罢工的事情。他们秘密集会，联系"三所一处"的低薪职工，布置罢工的各项工作。

罢工时间定在何时好呢？陈云抓住了很好的时机：1925年8月下旬，秋季即将开学之际，全国大、中、小学大都需要采用商务印书馆出版发行的课本，正是资本家获取最大利润的时候，馆方必然考虑到生意有被对手中华书局夺去的危险，因而在这时罢工较容易取得胜利。陈云及时把这个情况讲给大家听，大家都赞成，组织罢工的事情就被提上日程。

但是，密谋罢工、要求加薪的事情还是被商务印书馆老板得知了，他们抢先在8月21日贴出了布告，大意是：本年内因种种影响，本馆所受损失甚大。现当秋季开学，正是各书店营业旺盛之时，请职工勤勉从公，公司同人应同舟共济，休戚相关云云。同时，由发行所副所长郭梅生召集发行所各部主任谈话，口头允诺每年给职工们加薪一成。

职工们对此当然不满意。当晚，他们就在天通庵路三民学校开会讨论，因军警干涉，临时更换了多个场地，最后在青云路上海大学附属中学开会，一共有一百六十八名人员到会。会议一直开到了第二天凌晨,作出了罢工的决议,并提出罢工联合宣言、复工的十二项条件等,选出临时委员十五人,陈云被推选为罢工委员会委员长。会后,他们连夜派人到发行所,将大门和各办公室的钥匙、工人上下班的打卡记录都掌握在手中。

22日,罢工开始了。商务印书馆工会一早就通过报界发表由茅盾起草的《罢工联合宣言》,揭露了馆方对职工的种种不合理待遇,造成了很大的震动。职工们每个人都分到油印的罢工宣言和对资方提出的各项条件。在这种紧张的气氛下,工人们情绪高涨。陈云带领发行所率先罢工。当天中午,陈云又赶到宝山路印刷所发动罢工,印刷所工会立即响应。不久,总务处和编译所的职工也加入了罢工行动,一起同资本家进行斗争。在罢工期间,陈云

油画《罢工前夜》(作者:陈坚)

每天都主持发行所职工开会，通报劳资双方谈判情况，他还鼓励职工们坚持斗争，不达到目的决不复工。

上海总工会、上海总商会听到罢工消息后，纷纷赶来援助与调解。

由于主动权掌握在职工一方，眼看各地学校开学急需教科书，资方终于束手无策，被迫作出让步，最终在27日签订了基本满足职工要求的复工协议。

这场历时六天的罢工斗争胜利了！由于陈云等党团骨干力量在斗争中发挥了重要作用，工会在职工中的威信大大提高。

然而，资本家非常狡猾。12月上旬，他们卖教科书收回大量资金后，就公然撕毁协议，还报复性地开除了十七名工人，其中不少是工会积极分子。

22日至25日，发行所和印刷所掀起了第二次大罢工，由于资本家做好了充足的准备，所以斗争更加艰苦，但陈云仍毅然参与领导了这次大罢工。由于资本家蛮横无理，谈判相持了三天，毫无结果。见工人们斗志越来越坚决，资本家勾结反动军队来威胁陈云等谈判代表。职工们无法忍耐，同军队发生冲突，敌人竟然朝手无寸铁的工人开枪，许多工人都受了伤。陈云依然临危不惧，沉着应对。他义正词严地对资本家说："这些条件是工人们提出的，如果厂方不答应，枪毙我们几个人没啥关系，但我们还有好几千工人。"资本家看到他们如此英勇，一时手足无措，有一个老板甚至晕厥过去。最后，资方不得不再一次认输，接受罢

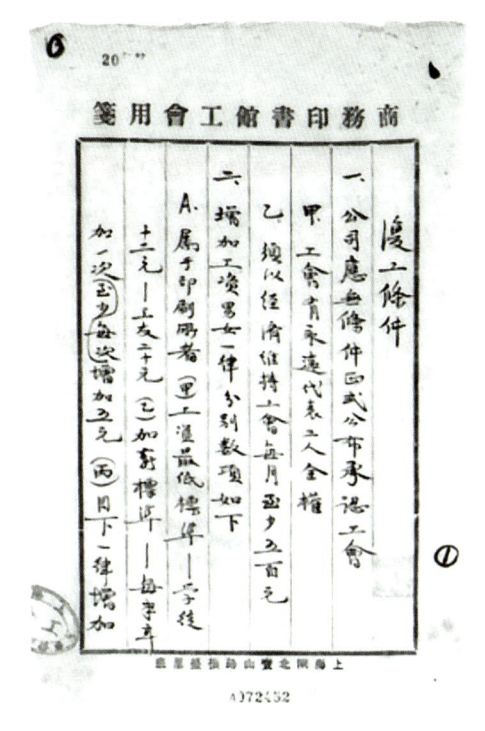

《复工条件》部分影印资料

工委员会提出的全部条件。

轰轰烈烈的商务印书馆两次大罢工的胜利,是五卅运动后觉醒的职工为自身经济要求和政治要求进行抗争的两次斗争。陈云在罢工斗争中显示出了坚定的政治信仰和杰出的领导才干,他后来回忆这段经历时说:"当我在参加革命后资本家威胁我时,我想到吃饭问题会发生危害,但立即又想到:怕什么?手足健全的人到处去得,可以到黄埔军校,可以卖大饼油条,只要立志革命,不怕没饭吃,归根结底只有推翻现在社会制度以后,才大家有饭吃。"这标志着那时的陈云已经成长为一名坚定不移的无产阶级革命者。

历史小课堂

茅盾手写的《复工条件》

《复工条件》由茅盾写在商务印书馆工会专用笺上，笺十六开，为宣纸印红八行，上镌"商务印书馆工会用笺"，下镌"上海闸北宝山路振盛里底"。整个文件用墨笔小隶写成，偶有改动之处。《复工条件》共九条，摘要如下：

一、公司应无条件正式公布承认工会；

二、增加工资；

三、减短每日工作时间；

四、优给恤金及退俸金；

五、每年红利须平均分派，计算法应以薪水大小为标准；

六、改良待遇；

七、职工等不得无故辞退；

八、商务俱乐部应恢复同人名义，永远移交同人负责办理；

九、关于此次罢工人员不得借端辞退，罢工期内工资照发。

（江丹）

确立信仰
加入中国共产党

选择初心

陈云被称为新中国的"红色掌柜",是一名伟大的无产阶级革命家、政治家,杰出的马克思主义者,中国社会主义经济建设的重要开创者和奠基人,党和国家久经考验的卓越领导人。他是什么时候加入中国共产党的?又是如何最终选择加入中国共产党的?下面,就让我们一起了解陈云确立共产主义信仰,加入中国共产党的故事吧。

在中国共产党成立之后,商务印书馆一直是党的秘密联络点和创建初期的重要堡垒。不仅如此,中共中央还非常重视这个新文化的传播阵地,把商务印书馆作为发展中共党员的重要单位之一。陈云就是在这里加入了中国共产党。但事实上,陈云到商务印书馆后,并没有最先选择中国共产党。

陈云最先"赞成"的是吴佩孚,这是一位北洋军阀的主要代表人物。五四运动爆发后，吴佩孚以"爱国军人"姿态，反对在巴黎和约上签字，主张取消中日密约。1922年，第一次直奉战争后，吴佩孚支持曹锟控制北京政府。他拥兵数十万，虎踞洛阳，其势力影响着大半个中国。当时人们普遍看好吴佩孚，陈云也是其中的一位。可是1923年2月7日，吴佩孚却血腥镇压了京汉铁路大罢工的工人们，并制造了骇人听闻的"二七惨案"。这使陈云清醒地认识到，帝国主义和封建军阀是中国人民的敌人，想要获得真正的自由和解放，必须与之斗争。于是，陈云抛弃了对吴佩孚的幻想。

之后，陈云转而相信国家主义的思潮。国家主义产生于18世纪的欧洲，最早在德国流行，清朝末年传入中国。国家主义是一种以抽象的国家概念掩盖国家的阶级本质的资产阶级思想，其鼓吹"国家至上"，对外宣传"民族优越论"，引导国民维护国家利益。在当时因落后弱小而遭西方列强蹂躏的中国，很容易引起知识分子的共鸣。在中国近现代史上，信服这种政治学说的人很多，像当时的一些进步人士，例如闻一多、梁启超等人就信奉过国家主义。但是这种思想主张国家至上，个人要完全服从国家，奉行民族和国家的自由，限制个人的意志和自由。当时的中国军阀混战、民不聊生，国家主义理论逐渐变成一种空洞的政治学说，陈云继而抛弃了国家主义，继续寻找信仰。

1925年年初，陈云学徒期满，转到商务印书馆发行所上海虹口分店当店员。随后，陈云从商务印书馆的国民党党员那里接触到了孙中山提出的三民主义,也就是民族主义、民权主义、民生主义。陈云觉得孙中山的道理"蛮多"。于是在1925年的六七月间,经商务印书馆同事薛兆圣、张文菲的介绍,陈云加入了中国国民党,并成为国民党在商务印书馆发行所分部的首创人之一。

实际上,陈云加入国民党的时候,也接触到了马克思主义思想。在商务印书馆,他集中学习俄文,研读马克思列宁主义和苏联革命书籍,读了《共产党宣言》以及辩证唯物论和历史唯物论方面的进步书籍。这些书不宜在公开场所阅读,陈云就躲到厕所去读。《马克斯(思)主义浅说》《共产党宣言》这两本书也成为那段时间陈云经常翻阅的书籍。书中的理论和思想深深地扎根在陈云的心中,字里行间渗透的道理冲击着青年时期的陈云。陈云反复

商务印书馆虹口分店

地阅读和琢磨，还结合自己在声援五卅运动中的经历，以及到上海之后看到的社会现实进行反思。他反复深入思考，不断追求真理，开始了解必须要改造社会，才能解放人类的道理。陈云后来回忆说，当时像布哈林等著的《共产主义ABC》那样的书还读不懂，但他读了《马克斯（思）主义浅说》和《资本制度浅说》后，感到这些书中所讲的道理比三民主义更好。

正因为陈云在职工罢工运动中有着非常优秀的表现，他身上表现出来的坚定的革命意志和出色的组织才能使当时商务印书馆的党组织对他有了新的了解。在罢工胜利后1925年的八九月间，二十岁的陈云，在商务印书馆第一任党支部书记董亦湘和发行所党员恽雨棠的共同介绍下，光荣地加入了中国共产党。从加入中

陈云读过的马克思列宁主义书籍

国共产党的那一天起,陈云就立志要为共产主义事业奋斗终生:"此身已非昔比,今后不是做'成家立业'的一套,而要专干革命。"

1927年,以蒋介石为代表的新右派和新军阀势力加紧反革命扩张,发动了四一二反革命政变,制造了四一五广州大屠杀,再加上汪精卫集团在武汉"分共",发动七一五反革命政变,造成国共合作破裂,大革命惨败,陈云退出了中国国民党。

在加入中国共产党之后七十年的革命历程中,陈云终其一生,都在为他的共产主义信仰的实现而不断奋斗。他始终坚守对马克思主义、共产主义的信仰不动摇,成为以毛泽东为核心的党的第一代中央领导集体和以邓小平为核心的党的第二代中央领导集体中的重要成员。

历史小课堂

《共产主义ABC》简介

《共产主义ABC》由俄国布哈林和普列奥布拉任斯基合著,是为配合1919年俄共(布)八大通过的新党纲的宣传和进行系统的共产主义基本理论教育而写的通俗读物。1919年10月出版。全书包括前言、党纲的理论、党纲的实践,系统阐述了社会主义革命和社会主义建设的基本理论。

(高智亮)

思想火花
早期的革命理论研究

为大众疾呼

"职工会是我们奋斗的武器。没有武器的徒手奋斗,多么危险!吾们拥护职工会,为了要它代表吾们一切利益,更要它引导我们到民族革命的前线上去,完成吾们勇敢工人应做的工作。"读了陈云在《职工》创刊号上发表的文章后,大家不禁发出这样的疑问:一个只有小学文化程度的人怎么能写出这样高文化水平和理论深度的文章呢?下面,让我们一起来寻找答案吧。

陈云来到商务印书馆后如饥似渴地读书和学习,不仅积极参加工人运动,而且也善于思考和总结。他把自己学到的知识和所处的时代结合起来,不断思考,积极撰写文章,多角度关注工人和国家的前途与命运等问题。

1925年11月,商务印书馆发行所职工会创办地下刊物《职工》。陈云用"民""怀""怀民"等笔名在《职工》上先后共发表八篇文章，宣传革命理论，号召工人团结起来建立自己的工会组织，反抗帝国主义和资本主义的压迫，不断提高自己的阶级觉悟。另外，陈云在 1925 年 11 月 9 日《民国日报》副刊《觉悟》上，以"民"为笔名发表了《悼苏民先生》一文。

1925 年 11 月，陈云在《职工》创刊号上发表了《职工在现社会的地位》和《总工会是什么》两篇文章。在文章中，陈云向工人解释了总工会到底是什么，做的是什么工作，为什么要这么做，以及将来的前途等通俗易懂的问题。前文笔名为"民"，后文笔名为"怀"，不难看出，陈云是真正从一个基层工人的视角来看问题，并为劳动人民的切实利益而发声的。同时，从文章中也可以看到，年轻的陈云已经具有一定的马克思主义理论水平，视野非常宽广，文笔也比较老到，文章有很强的说服力。他的文章在

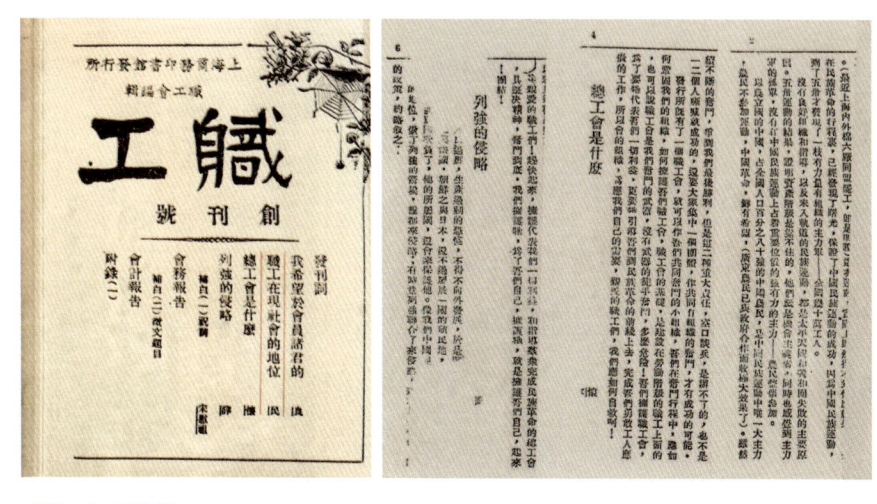

《职工》创刊号

当时对于工人有启蒙作用，这些也是迄今为止见到的陈云在刊物上发表的最早的文章。

1926年年初，陈云又陆续发表了《我们为什么要罢工》《罢工后职工应有的觉悟》和《职工与革命》等一些文章。在第二次罢工时，曾有人说：别人被裁员了，我又没被裁员，为什么我还要罢工牺牲我自己为别人奋斗？陈云答：这种想法太幼稚了。他在后续的文章中写道："这一次的奋斗，也可以说并不完全为了几个被裁的人而奋斗，是为了保障全体职工利益而奋斗的！在商品式生活条件之下的吾们，时时有被裁的危险！今年侥幸而轮不到，明年也许不幸而轮着的，不要到了自己身上才要奋斗，那时你一个人的奋斗，可就不能了！奋斗的价值几何？"可见，年轻的陈云那时候看问题已经非常深刻，能透过现象看到本质。

1926年7月，陈云在《职工》第十期上发表《中国民族运动之过去与将来》，其中有这样几处精彩论述：

"具有世界性的中国民族运动，在今后长时期的奋斗过程中，出路究竟在哪里？这是值得我们研究的。"

"在以农立国的中国，占全国人口百分之八十强的农民，是民族

《职工》第十期

运动中唯一大主力。农民不参加运动,中国革命鲜有希望。"

"怎样补救以往的失败和准备应付将来的策略,这是每个中国人的切身问题,尤其是已经觉悟的青年,应该担负起这种责任。"

这篇文章被收录为《陈云文选》第一卷第一篇,可见其影响力之大。当时陈云使用的笔名则为"怀民",表现了他对中国人民和中国革命的深情和关切。

这些文章被工友们争相传阅,大家从中受到很大启发。面对日趋衰落的国家和处于水深火热之中的民众,陈云内心充满了强烈的时代责任感和家国情怀。

历史小课堂

陈云早年使用过的笔名、化名

陈云非常善于写文章,曾用过不同的笔名。早期在商务印书馆发表的文章,大多用"怀""民""让""一民""怀民"等笔名,是设身处地地站在工人阶级的角度上看问题,关注职工的实际工作和生活情况,为劳动人民的切实利益而疾呼。特科时期化名"李介生",党内则称呼他"先生"。在莫斯科共产国际工作时曾使用过"史平"和"廉臣"等名。

(陈雨珊)

革命锻炼
参加工人武装起义

在失败中成长

在陈云进入上海商务印书馆的第八个年头，1927年3月22日，上海工人依靠自己的力量，经过三十个小时的浴血奋战后，终于攻克了敌人的最后一个据点北火车站，上海第三次工人武装起义终于取得了胜利！此时的陈云，眼眸里终于闪现了一丝希望的曙光。在此之前，他已经历了两次失败的工人武装起义。对于失败，陈云曾说过，不要怕失败，不要怕犯错误。能打胜仗的将军，一定是打过败仗的。

五卅运动后，中国革命形势有了突飞猛进的发展。为了"打倒列强，除军阀"，中国共产党与中国国民党合作进行了北伐战争。为配合北伐，上海工人先后举行了三次武装起义。

1926年10月至1927年3月，陈云作为基层工会的领导者，积极组织，先后参加了三次武装起义。

在第一次起义前后，陈云就展现出了勇敢、坚毅的不凡品格。

1926年10月24日，在中国共产党领导的上海工人举行的第一次武装起义中，陈云与商务印书馆其他工人一起承担了闸北区部分战斗任务。当时，按照上海总工会的要求，商务印书馆工人纠察队的任务是袭击宝山路的警察署和驻守在虬江路车站的孙传芳部队。陈云与工友们一起集中待命，准备参加战斗。但是，一直等到天亮也没有听到起义的信号——黄浦江上军舰的炮声，只好纷纷离去。后来才知道，当时浙江省省长夏超部队进兵上海时，被孙传芳部队打败了。中共上海区委得知这一消息后，立即下令停止行动。因此，第一次工人武装起义还没真正发动起来就失败了。

尽管如此，对于陈云和商务印书馆的工友们来说却是经受了一次锻炼和考验。他们毫不气馁，在党组织的领导下，又开始积极筹备第二次武装起义。

第二次起义的筹备过程可谓是危机四伏。

1927年2月8日，陈云在参加上海总工会召开的各工会负责人联席会议时，突然遭到英国巡捕房的搜捕，同时被捕的六十四名工会积极分子一起被押往提篮桥监狱。陈云自觉事发突然，必须要隐藏好自己共产党员的身份。当时，英国巡捕首先严厉审问了陈云：你到底是什么身份？陈云从容不迫地说道：我们都是各行各业的工人。陈云急中生智、处乱不惊的回答和应变方式为其他工会积极分子起到了良好的带头作用，最后没有一个人暴露自己的身份。后来由于共产党上海地方组织联合各方面营救，陈云等人在被关押几个小时后即被释放。

从狱中出来后，陈云马上继续投入组织第二次工人起义筹备工作中。1927年2月15日，为配合北伐军东路军，中共中央决定在北伐军到达松江时，上海宣布总罢工，并抓紧做了组织第二次工人武装起义的准备。2月19日清晨，上海十五万工人开始总罢工。罢工使整个上海处于瘫痪状态，昔日繁华喧闹的都市陷入了一片混乱之中。

面对上海如此的紧急情况，陈云反应机敏，应对迅速，立即通过上海店员总联合会，领导了南京路上先施、永安、新新、丽华四大百货公司职工的罢工。上海工人总同盟罢工实现后，中共上海区委决定将其转为武装起义。但由于起义的各项准备工作没有完全落实，工人孤军奋战，起义又一次以失败告终。

经历了两次起义的失败，陈云认为起义要获得成功，光靠蛮干不行，必须巧干。于是他决定调整起义策略，完善准备工作。通过反复研究中共中央发表的《为上海总同盟罢工告上海全体工友书》中所总结的第二次武装起义的缺点，陈云认为前两次工人武装起义失败的原因是条件不够成熟，准备工作不够充分。因此，在第三次起义前，陈云做了周密的准备工作并奋力投身其中，体现了细心缜密的才思和出众的指挥能力。

第二次起义失败后，整个上海笼罩在一片白色恐怖之中。陈云认为在这种严峻的形势之下，应当保存实力。于是他积极配合组织安排，与其他党员、工会骨干和积极分子立即前往浙江余姚隐蔽并继续开展革命活动。同时，陈云时刻关注着起义的消息，

第二篇章　革命之火燃初心　　　　　　　　　　　　　　083

参加上海工人第三次武装起义的工人纠察队

在上海工人第三次武装起义中，商务印书馆女工组织救护队与男工一起投入战斗

当他得知周恩来秘密来到上海组织酝酿第三次武装起义时，他感觉第三次工人武装起义的条件已日趋成熟，于是立即离开余姚前往上海，回到商务印书馆投入第三次工人武装起义的准备工作中。

经过周密的准备、激烈的战斗，上海第三次工人武装起义终于获得成功。

历史小课堂

"最好的诗"

当上海第三次工人武装起义胜利的消息传到苏联雅罗斯拉夫尔市的时候，正在朗诵的著名诗人马雅可夫斯基立刻向听众宣布要朗诵一首"最好的诗"：

"'同志们！工人和广东的部队，占领了上海！'就好像洋铁皮在手心里揉得发响！欢呼的力量不断地增长又增长……雅罗斯拉夫尔人，制油工人和纺织工人，向不认识的但是亲如手足的中国苦力们尽情鼓掌！"

这首诗表达的是苏联诗人对中国工人武装起义胜利所发出的热烈呼唤和诚挚祝贺。这一行行热情洋溢的诗句，使我们感到温暖和欣慰，并从中受到鼓舞和鞭策。

（丁丹晖）

小蒸惊雷
领导农民武装暴动

武装斗争

陈云一生中多次讲过:"在最艰难困苦的对敌地下斗争中,是故乡人民支持和保护了我,我的心始终和故乡人民联系在一起。"这场对敌斗争究竟由何而起?如何开展?陈云故乡的人民又是怎样支持、保护他的呢?这还要从1927年陈云受命回到家乡青浦领导开展农民运动说起。

陈云1927年10月1日离开了上海。临走时,他和商务印书馆的工友们一一握手告别:"我要走了。""我此去一不做官,二不要钱,三不妥协,只为了要跟反动派坚决斗争到底,求工人的解放!"之前,陈云在上海坚持地下斗争,他就常对商务印书馆的工友说:"铁窗风味,家常便饭。杀头枪毙,告老还乡。"

陈云为什么要离开上海呢?

1927年4月12日,蒋介石在上海发动了反革命政变,国民党军队在上海宝山路对手无寸铁的罢工工人们开枪扫射,一时间血流成河。面对国民党反动派将革命者斩尽杀绝的政策,共产党人真正认识到武装革命的极端重要性。

1927年4月12日,蒋介石发动了四一二反革命政变

上海工人纠察队总指挥部驻地(商务印书馆)在四一二反革命政变中遭到袭击,墙上弹痕累累

随后，中共江苏省委根据八七会议确定的方针，动员共产党员到外县发动农民运动。陈云立即报名，并根据组织安排，准备回到家乡青浦练塘开展革命斗争。

1927年10月初，秋风习习，身穿长衫、化名为陈亨的陈云风尘仆仆地回到了家乡青浦练塘。回到家乡后的陈云，在离练塘不远的小蒸找到了同样接到指示开展农民运动的陆铨生、吴志喜等人，并联系到了在青浦县国民党党部任秘书、坚持地下斗争的共产党员夏采曦，准备展开秋收斗争。之后，青浦县委成立了农民革命军总指挥部，曾在黄埔军校学习过的吴志喜担任总指挥，陈云任政治委员。紧接着，青浦东乡建立起农民武装纠察队，小蒸、枫泾地区也建立了农民革命军。

农民武装斗争蓄势待发。

这时，陈云在练塘的舅父母已经知道乡下将要举行暴动，又听闻陈云参加了革命，内心十分担忧和着急。得知陈云就在青浦，于是立刻想办法通知陈云让他尽快回家一趟。几天后，陈云回到家中，看到了满面愁容的舅父母。

舅父看到陈云回来了，一个箭步冲上前去抓住他的手臂，脸上充满着忧愁，半晌才问出一句：我听说你参加革命了？

陈云目光坚定地看着舅父，点点头：舅父，我在商务印书馆里加入了中国共产党，决定参加革命！这句话好似一声晴天响雷，让舅父又急又气，过了良久，才哭着说：我们是穷人家，将来都要靠你吃饭。如果你暴动了，不能立足，家庭将来不知如何过活，你还是去找找朋友谋个职业吧！

陈云看到舅父这般模样，转头又见舅母也在偷偷抹泪，心里十分难受，他低着头，双眉紧锁。舅父见陈云沉默不语，心里便有了数，因而继续劝说他：商务印书馆的工作没了可以再找一个，找到了工作后给你成一个家吧。

陈云一时无法决断，面前毕竟是对自己有着养育之恩的舅父母，他们让自己从小丧失双亲的童年多了那么多的欢乐与温暖。陈云对舅父一向非常尊重，此时又见舅母哭得厉害，心里更是左右为难，只能和舅父说自己再考虑考虑。

思考了三天三夜后，陈云最终还是决定离开家前往约好的农民家中准备暴动。他后来在自传中写道："不推翻现在的社会制度，个人及家庭都没有出路，只有到了革命成功时、每个人可以劳动而得食时，人人家庭都可解放，我的家庭也就解放了。"

舅父看着陈云坚定的眼神和坚决的态度，终于也不再反对了。

随着年关将近，青浦农民的抗租斗争也愈演愈烈。在抗租怒潮中，练塘、枫泾地区的地主们勾结水警队，荷枪实弹地向农民逼租。为动员群众，号召农民团结一心来进行抗租斗争，陈云在动员会上激动地说道：乡亲们，几千年来，我们种田人辛辛苦苦耘稻、下肥料，收起来的稻谷属于我们的却不到一半。而高墙那头的地主豪绅住楼、穿绸，衣来伸手，饭来张口，一点儿力气也不出，却要拿走我们六七成的粮食。大家看这合不合理？

台下异口同声地回答不合理。

于是陈云接着又说:为了翻身,我们必须革命。革命是艰苦的。……我们穷人只有跟共产党走,大家心连心,捏成一个拳,才能砸烂千年铁锁链,翻身得解放。……今年我们也干脆抗租抗息,一粒也不交……我们有农会做主、共产党撑腰,大家不要怕。……我们只要团结起来,打倒地主土豪,就能人人有饭吃,过上好日子。

1928年1月1日,中共江苏省委发出《江苏省委各县暴动计划》,要求各县在阴历年关内必须举行暴动。接到指示后,陈云立刻同夏采曦等人在小蒸河南头村召开了会议,商议组织青浦暴动。而举行暴动的第一步便是要抢缴水警队和地主们的船和枪。

1月3日,陈云、吴志喜等人率领农民军伏击下乡逼租的船只。当晚,夏采曦率领东乡农民纠察队及上海武装小组袭击了黄渡水

1928年1月2日,陈云在小蒸河南头村徐秋松家参加中共青浦县委扩大会议。会议决定于1月3日举行小蒸暴动。图为徐秋松家

警队，击毙了水警一名，缴获十二支枪。

为了打击敌人，陈云决定抓住时机，扫奸除霸，安定民心。他和吴志喜带领农民军小分队数百人，几天内镇压了恶霸地主及地痞流氓共十一人，并将他们的田单、账册付之一炬。这次行动，增强了农民抗租斗争的信心。

在这种形势下，农民军立刻开始酝酿枫泾暴动。但是由于消息走漏，在1月19日凌晨，国民党驻松江补充团派兵趁着大雾"围剿"农民军。农民军总指挥吴志喜得知敌情后为时已晚，但他临危不乱，立刻鸣枪报警。在突围过程中，吴志喜、陆龙飞及农民军十七人终因寡不敌众，弹尽被捕。1月26日，吴志喜、陆龙飞英勇就义。

虽然此次陈云领导的小蒸、枫泾地区农民暴动由于敌我力量悬殊最终没有成功，但是它的影响力不可估量。它不仅教育、动员、锻炼了广大农民，还扩大了中国共产党在上海、江苏农村的影响。陈云及其他中国共产党人撒下的革命火种，在之后革命斗争进程中一直在青浦人民心中燃烧着。

第二篇章　革命之火燃初心

小蒸农民武装暴动指挥所旧址

历史小课堂

庄行农民武装暴动

1929年1月21日,由中共奉贤县委组织,在杭果人、陈云、严朴、茅学勤、刘晓等率领下,庄行镇农民发起武装暴动。

当天晚上7时半,暴动队伍高举红旗,每人颈佩红布条标记,分三路向奉贤庄行镇进发。百余人的队伍中除备有十七支驳壳枪、两支六寸手枪和一些土手榴弹外,多数人持大刀、铁叉、棍棒、长矛和土枪。8时半左右,打响进攻国民党公安支局的战斗,毙职员一人,伤警士二人,支局长张同昆逃跑,余者全部缴械。暴动队员把鞭炮点燃后放入煤油箱内,冒充机枪震慑敌人。暴动队伍攻占褚泾庙,俘敌三人。商团逃走,公安分队作鸟兽散,全镇的国民党武装不到一小时全部被解决,暴动队伍占领了庄行镇。暴动中,共缴获三十多支枪,队员张四弟、王多生等人牺牲。

22日凌晨2时左右,暴动队伍整队集合,宣布已达目的,即令队伍撤出庄行镇。杭果人、陈云、刘晓等立即撤回上海,唐一新、冯阿五、吴大龙、吴三龙等留在当地坚持斗争。

(周安琪)

第三篇章

脉脉相通情意浓

陈云少年立志、胸怀人民，为了革命事业四处奔波，将毕生的心血和精力都奉献给了党和人民。他的一生中有太多可歌可泣的壮举值得我们记忆和缅怀。他与周恩来相识于上海工人武装起义中，之后在长期的革命斗争中相互扶持和勉励；他与同乡友人并肩在革命激流中前行；他对商务印书馆的故人相思牵挂念念不忘……他一生爱憎分明，感情丰富而细腻，给我们留下了许多难忘的动人故事。这一篇章将带你走进伟人的情感世界，领悟其浓稠的亲情、乡情、友情和赤子之情。

养育之恩
"舅父把我养大"

养育之情深似海

滴水之恩，当涌泉相报。陈云幼年失去双亲，在舅父母的抚养下长大。陈云对舅父母一直怀着深深的感激之情，并且尽自己所能去报答他们。陈云曾经说：我出身在上海，从小失去父母，是舅父把我养大的。可见，陈云把舅父母的养育恩情始终铭记在心，感恩在怀。下面我们来讲讲陈云与其舅父母的故事。

陈云的舅父廖文光年轻时到上海学做裁缝，后来回练塘后以裁缝为生。1903年，廖文光与练塘镇东北的东目圩村的倪姓阿姐结婚。舅母性格果断，家里大小事情都由她做主。舅父性情温和、心地善良，喜欢孩子。

舅父刚开始以裁缝为业，生意清淡，经济越来越拮据。后来，舅父决定放弃裁缝生意，改开小酒馆，但收入依然微薄，仅能补贴日常开支。

陈云舅父为谋生开设的小酒馆

陈云从小就感受到了舅父对他的疼爱。有好吃的舅父总是留给孩子们，逢年过节会给他们做新衣服穿，空闲的时候还给他们讲讲故事。在舅父母的关心照顾下，陈云养成了沉着、文静、坚强的性格。

陈云到舅父家七年后，舅父母生养了个儿子，取名廖霓云。陈云十分喜爱这个小表弟。抗日战争胜利后，陈云给表弟写了一封信，要求他描写故乡小镇的面貌。表弟详细地向陈云描绘了家乡情况，署名"江南小镇"，托人带到上海福州路邮局邮寄。新中国成立后，表弟去北京，陈云亲切地接待了他，告诉他说信收到了，并详细询问了寄信的具体经过。

到商务印书馆工作以后，陈云的薪金虽然不高，但毕竟有了

陈云的舅父廖文光、舅母廖倪氏

固定收入，他领到工资后总是寄给舅父一部分补贴家用，自己生活却十分俭朴，从不乱花一分钱。他见舅母、表弟身体不大好，就动员他们去杭州散心休养，并为舅父全家买了去杭州的火车票。舅父母从杭州回来，还到上海商务印书馆看望了陈云。

投身革命以后，陈云为了避免连累家人，多年没有与家里通信。1936年，他在苏联时曾这样谈到他们："我已经脱离家从一九二七年秋收暴动起直到现在，在上海时曾与舅父母会过几次，他们的家庭当然很困难，过去我在商务印书馆时每年贴他们一些钱，现在不知他们死活存亡。在社会上一般人看来，共产党员不顾家庭，舆论是很不好的，但是我是爱莫能助。六年没有与他们通信了。他们既不知我到红军，也不知我到苏联。"

1939年前后舅父过世时，陈云也不在身边。当时陈云在延安，他知道舅舅去世的消息后很悲痛。他说自己是舅父母带大的，所以就托当时在国统区的周恩来帮忙把"曾由公家救济了五十元",加上他在新疆时的津贴"剩下的二百元"寄了回去,作为"料理舅父的丧葬费"。少年时代与舅父在一起生活的回忆让陈云难以忘怀,子欲养而亲不待,这种遗憾,每每触动陈云的心弦。新中国成立后,陈云把舅母接到了北京,为她治病,给她养老送终。

陈云经常拿出自己微薄的薪金尽可能地帮助舅父母一家,但原则性很强的陈云绝不假公济私。

新中国成立前夕,陈云曾写信叮嘱革命后代陆恺悌"一件事",而且要把信中的话抄给同在青浦的廖霓云。陈云告诫他们:"千万不可以革命功臣的子弟自居,切不要在家乡人面前有什么架子或者有越轨违法行为,这是决不允许的。你们必须记得共产党人在国家法律面前是与老百姓平等的,而且是守法的模范。""你们必须安分守己,束身自爱,丝毫不得有违法行为。"

廖倪云夫妇

表弟成人后,由于腿脚不灵便,从事农活困难很大。这时有人给他出主意,让他去找在北京做"大官"的陈云。于是,他一瘸一拐来到北京,投奔陈云,希望能托陈云的关系给自己安排一份比较轻松的工作。陈云热情接待了表弟,但是得知其来意后,陈云委婉地对他说:"你生活上有困难，我要帮助你，政府也会帮助你，但不能因为我做了干部就可以搞特殊化，你应该回到乡里去参加一点力所能及的劳动。"

历史小课堂

陈云故居

  陈云故居位于上海市青浦区练塘镇下塘街九十五号，是一座砖木结构的老式江南民居，总建筑面积为九十五点八八平方米。1959年，陈云故居被列为首批文物保护单位。20世纪60年代曾对其进行了简单的整修。70年代，面对故居年久失修、屋梁、地板、门窗烂朽，墙壁砖块风化等境况，经上级批准，按原样修缮。"十年动乱"期间，陈云故居被推倒，改建成钢筋水泥结构的民宅。改建后的故居曾作为街道办事处和镇工业公司办公室。90年代初，当地政府在上海市文物管理委员会的领导下，以陈云故居为中心建造青浦革命历史陈列馆，同时恢复陈云故居的原貌。

  1995年陈云同志逝世后，为深切缅怀他的重大贡献和崇高精神，中央批准以陈云故居为依托，在原青浦革命历史陈列馆的基础上改扩建陈云纪念场馆，也就是现在的陈云纪念馆。现在，陈云故居作为陈云纪念馆的一部分对外开放参观。

（范莎莎）

同窗好友
掩护陈云脱险

患难相助见真情

俗话说："一辈同学三辈亲，同窗友情别样深。"通常我们认为同窗好友间最美好的记忆是在学校一起学习的经历。而陈云和他的同窗好友高庭梁之间最让人难忘的事却不止这些。那么，他们之间到底发生了什么样的故事呢？

1917年，陈云免费就读于颜安小学高小部。同是青浦县练塘镇人的高庭梁，与他同窗共读。他们不仅是好友，还是换帖兄弟，感情甚厚。因为比陈云大一岁，故高庭梁对陈云以"云弟"相称。高小毕业后，陈云到上海商务印书馆当学徒，而高庭梁则到嘉善西塘镇塘东街上的源源绸布店学做生意。

1927年秋的一天，在商务印书馆内，出现了三四个身穿对襟短衫的人。陈云预感到危险即将来临，被迫离开商务印书馆，继续坚持地下斗争，后来陈云离开上海，回到家乡领导农民暴动。

为了不引起敌人的注意，他没有直接返回青浦练塘，而是辗转去了浙江嘉善西塘镇，在西塘的源源绸布店找到了在此学做生意的高庭梁。

云弟，你怎么来啦？你不是在商务印书馆工作吗？昔日的同窗用疑惑的眼神看着陈云。陈云笑了笑，说道：商务印书馆的工作没了，本来是想直接回练塘组织农民暴动的，但国民党正在抓捕我，所以就来你这里避避风头。高庭梁此时是又喜又忧，喜的是能够见到幼时的好友，忧的是好友的现实处境。

源源绸布店在西塘最热闹的塘东街上，门面颇气派，洋布绸缎一应俱全，小有名气。楼上有五六张床位，供店里伙计和客户留宿使用。就这样，在同窗好友高庭梁的帮助下，陈云在店里楼上小住了几日。在这里，陈云不愿出头露面，傍晚高庭梁就陪他到镇郊东岳庙、七爷庙等处逛逛。两三天后，陈云说要到练塘去，高庭梁就给他安排了一只脚划船护送他离开。他们在一起的这些天里，陈云只讲了些小学毕业分别后的情况，所以高庭梁并不知道陈云加入了共产党，更不知道的是他离开上海的第二天，巡捕房就开始抓他。

1929年，陈云又去找过高庭梁一次，但是这次没有过夜。他们先乘船到丁家栅，再花六角洋钿雇了一只小船到夏家甸村。那里有一个大草棚，是上海泰山砖瓦公司一个做土坯的工场。他们到时已是黄昏，草棚里已有五六个人。在这个草棚里他们一起吃了晚饭，并秘密地商量事情。之后，陈云又连夜离开了夏家甸村。

高庭梁则在草棚里过夜,第二天回到西塘。此后,陈云还通过他联络组织过几次会议。在之后的二十年,陈云为了革命事业再没有去过西塘,他们也没再相见。

新中国成立后,陈云的名字在报纸上出现。高庭梁不知此陈云是否当年的廖陈云,他抽空回到练塘,找到廖陈云舅母询问。提及往事,舅母泪流满面,几度哽咽:当年枫泾起事,吴志喜死了,小蒸陆铨生一家几乎倾家荡产,东躲西藏,死里逃生。你们高家冒死保护廖陈云……

滴水之恩,当涌泉相报。在陈云短暂隐蔽的危难时刻,是这位家乡的兄长给予了他帮助。对于帮助过他的人他都会铭记在心,感恩在怀。

20世纪50年代,高庭梁家里有八口人(六个子女),他工资不高,所以生活比较拮据。陈云就每年都给他们家寄点钱,二十三十元不等,一直寄了好几年。

陈云去上海考察时,一有时间就邀请高庭梁到上海相聚。有一次会面,高庭梁在上海玩了五天,陈云让商务印书馆的工友一直陪着他。

1982年5月7日,陈云写信给高庭梁,邀请他去杭州游玩。8日,陈云特地派了警卫员到西塘接他。在杭州,

陈云与高庭梁

陈云陪他一起吃饭,还一起参观了雅致的景点。13日,陈云又安排警卫员把他送回西塘。警卫员告诉高庭梁,这次接待的费用都是首长自己负担的。

陈云走上革命道路之后,始终不忘报答共患难的乡亲,这样的品质源于他对人民的忠诚,对人民的深切关注,显示了他深深的赤子之情。

历史小课堂

西塘古镇

西塘历史悠久,是古代吴越文化的发祥地之一。早在春秋战国时期就是吴越两国的相交之地,故有"吴根越角"和"越角人家"之称。唐宋时期就已形成村镇,到了元明朝时,西塘凭借鱼米之乡、丝绸之府的经济基础和水道之便,发展成为一座繁华、富庶的大集镇,窑业、米市、食品、制陶业等行业日益兴旺。至今,西塘古镇依然完好保存着二十五万平方米的明清古建筑群和约一千米的烟雨长廊,与二十七座桥、一百二十二条弄堂交相辉映、互融共生。陈云与西塘颇有渊源。他出生于上海青浦,在投身革命时期,曾多次来到西塘。在这里,他巧妙地躲过了敌人的搜捕,也为此地播下革命的火种。后来,西塘在陈云第一次来嘉善避难时的暂住地——源源绸布店建立"留云记·红茶坊",以纪念那段革命往事。

(李冬冬)

良师挚友
影响陈云一生的交往

亦师亦友,情真意切

提到商务印书馆,绕不开的一个人物就是张元济(1867—1959),他是中国近代杰出的出版家、教育家、爱国实业家,被誉为"商务之魂""出版巨子"。我们来读一读陈云与张元济的友情故事吧。

在浙江省海盐县城的文昌东路上,有一座富有江南园林特色的仿古建筑,黛瓦粉墙,曲桥卧波,阁亭相接,花卉争妍。这就是1987年落成的张元济图书馆。门楣上,镌刻着陈云题写的馆名。陈云与张元济的情缘始于商务印书馆。

1919年,张元济在商务印书馆任经理。同年12月中旬,陈云进入商务印书馆。陈云当时只有十四岁,个子不高,许多老工人不愿意要他。当天晚上,他没有地方住,被张子宏安排在文具店休息。后来有人向张元济反映,说文仪部的主任违反公司规定,私自留外人睡在店里面。张元济就找张子宏了解情况。

他问："有没有这回事？"

张子宏回答："是的，他叫廖陈云，是个孤儿，现在失学。"

张元济一听，原来是这么回事，也就不再追究了。

张元济

1902年，张元济受夏瑞芳的邀请，进入商务印书馆。他以翰林身份离开南洋公学来到商务印书馆，在很多人看来有些匪夷所思，但张元济不这么认为。他曾对夏瑞芳说，"吾辈当以扶助教育为己任"。在张元济等人的经营下，商务印书馆从一个毫不起眼的手工工场发展成为中国近现代史上历史最悠久的出版机构。

陈云当时只是一名学徒，按道理说，工作中不太可能与"大领导"张元济有过多接触。当时，商务印书馆的管理者们非常重视对学徒的培养，学徒们白天工作，晚上要到夜校进行文化学习，陈云自然也不例外。他从1920年3月进入商务印书馆的学徒夜校学习，到1924年7月最后一个学期结束。夜校一年分两个学期，周一到周六晚上上课，每晚两堂课，主要课程包括国文、珠算和商业。上课的老师除了编辑们，还有商务印书馆的高层管理人员。因此，陈云有了与张元济相识的机会。

张元济是陈云在商务印书馆的一位重要导师。张元济在开学

第一课上，就要求学徒们记日记。他认为作为商务印书馆的人才，日记是很重要的一个方面。于是，陈云和其他学徒一样，养成了记日记的习惯，他发现记日记既可以缓解工作压力，也可以知道每天的时间都花在哪里。张元济在课堂上经常讲授传统文化、经济管理方面的知识，这给陈云打开了一片新天地。张元济叮嘱学徒们在工作之余多读书学习，他还给学徒们列了一份课外书单，内容有深有浅。他重点推荐《论语》，他认为《论语》很短、很实用，希望学徒们都能够背一些段落。有一次抽查背诵，他发现很多学生都背得结结巴巴，唯独陈云可以将里面的经典段落倒背如流，这给张元济留下了很深的印象。此后，他格外器重陈云，认为陈云是这帮学徒中最求上进、最有潜力的一位。

张元济为人务实稳健，敢于创新，始终保持着文化商人创业的砥砺精神，生活朴素，没有烟酒嗜好。当时，商务印书馆每年印书要用三十万令（五百张全张为一令）白纸，营业额上千万元，但除正式的社交信件外，张元济几十年如一日地用纸边或写过字的纸的背面写信拟稿，一个信封也常常反复使用三四次。张元济这种俭朴的作风也深深地影响着陈云，陈云一生也是克勤克俭。这种勤俭节约的好习惯，伴随了陈云一生，一件棉坎肩穿了几十年，铅笔头用到握不住了都不舍得丢弃，纸张反复使用……这样的例子不胜枚举。

作为一名爱国人士，张元济一直以开明的态度和进步的立场对待工人运动。1925年，陈云参与领导商务印书馆职工的罢工斗争，张元济给予了很多关照。张元济是当时的资方代理人，他认为这些领导罢工的人是为了爱国，因此特意交代负责考勤的部门不要为难他们。商务印书馆职工罢工以后，由于高层管理者意见出现分歧，1926年，张元济提出辞去监理的职务。之后，张元济潜心研究古籍的编纂校勘印刷，在他的领导下，《四部丛刊》续编、三编，"百衲本二十四史"等典籍陆续完成编纂出版。

在商务印书馆重视古籍的浓厚氛围下，陈云也深受影响。在商务印书馆期间，一次他偶然得知浙江杭州西湖文澜阁保存有一部珍贵的乾隆年间手抄善本《四库全书》时，专程跑去看过一次。在以后的革命生涯中，陈云为推动我国古籍整理与出版工作作出了重要的贡献。

1949年新中国成立前夕，八十二岁高龄的张元济作为特邀代表，出席了新政协第一次全体会议，受到毛泽

1983年3月15日，陈云关于古籍整理工作的批示

东、周恩来、朱德、陈云等党和国家领导人的接见。张元济还登上了天安门城楼参加开国大典仪式。

10月2日，陈云赶到位于北京东交民巷的六国饭店，看望张元济先生，与其促膝长谈，话题涉及广泛，还聊起在商务印书馆工作时的情景，让张元济父子感觉新鲜和温暖。陈云还对张元济的儿子张树年说："你小时候，我在商务发行所店堂内，常见到你，那时你才六七岁吧。"

新中国成立后，张元济担任过华东军政委员会委员、上海市文史研究馆馆长等职务，为新中国的建设发挥了积极作用，直至1959年8月14日病逝。

1984年，张元济去世二十五年后，海盐县人民政府筹划建造一座以张元济名字命名的县立公共图书馆，并拟请曾在商务印书馆工作过，时任中央政治局常委、中纪委第一书记的陈云为张元济图书馆题写馆名，陈云欣然答应。据他的秘书回忆：首长不轻易题词，不随随便便给人题词，但对张元济先生却不一样。这足以证明陈云对张元济先生是多么尊敬、爱戴和怀念。因为在陈云看来，张元济不仅是一位学贯中西、博古通今的著名出版家，更是一位对中国文化教育事业有过突出贡献的良师挚友。

陈云与张元济，一位是党和国家领导人，一位是文化学者，他们心相通，意相投，共同为建设新中国作出了突出的贡献。

张元济图书馆

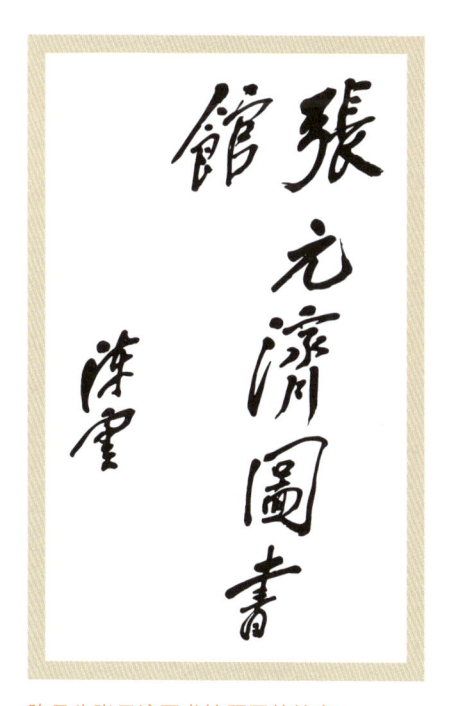

陈云为张元济图书馆题写的馆名

历史小课堂

陈云对古籍整理的贡献

在商务印书馆，特别是在张元济重视古籍的浓厚氛围下，陈云受到了深刻影响。陈云是新中国成立后党内较早明确指出要对古籍进行整理的领导人。早在1953年，陈云就提出，国家要组织一些人对古籍进行标点整理。1981年4月，陈云就认真抓好古籍整理工作的问题同秘书进行了系统的谈话，他说："整理古籍，把祖国宝贵的文化遗产继承下来，是一项关系到子孙后代的重要工作。"在谈话中，陈云就古籍整理工作谈了六个方面的问题。后来，在相继听取中华书局工作人员和北京大学教师的意见后，陈云撰写了《整理古籍是继承祖国文化遗产的一项重要工作》一文。9月，在陈云的建议下，中央书记处专门召开会议，讨论我国古籍整理问题。9月17日，经中央书记处会议讨论同意，陈云的这些意见以《中共中央关于整理我国古籍的指示》（以下简称《指示》）下发执行。

《指示》下发后，大家受到极大的鼓舞，使古籍整理迎来了新的高峰，出现了新的繁荣。从短期看，《指示》下发一年后，古籍整理出版取得了较大的成绩。据不完全统计，1982年，全国共出版古籍二百多种，是新中国成立以来最多的一年。从长期来看，陈云对古籍整理的指示为古籍整理工作的发展打下了坚实的基础。

（江丹）

志同道合
携手组织商务罢工

青年时代同一战线的斗争

　　陈云与茅盾,这两位江南水乡孕育的中国共产党的优秀党员、共产主义战士,早在土地革命战争时期,就在党内一起共事,两人志同道合、风雨同舟。这对革命的老战友,相知相交数十载,他们相互敬重、相互支持、肝胆相照。他们之间的革命情、战友情,纯洁而高尚,诚挚而久远,为全党树立了光辉典范。

　　茅盾,原名沈德鸿,字雁冰,1896年7月出生在浙江桐乡乌镇一个思想观念颇为新颖的家庭里,从小接受新式教育。1916年进入商务印书馆编译所工作。

　　1919年12月,陈云离开练塘进入商务印书馆当学徒。虽然都在商务印书馆,但作为学徒的陈云,还没有机缘与已崭露头角的茅盾相见。茅盾此时在商务印书馆已跻身于青年才俊行列,并且思想进步,1920年已成为中共上海早期党组织的党员。

1916年入职商务印书馆时的茅盾

1925年年初，商务印书馆发行所调陈云到虹口分店当店员。也就是在这一年，五卅运动的爆发让陈云和茅盾能够"常见面"。在五卅运动的大背景下，当时正担负着中共上海地区领导工作的茅盾和商务印书馆发行所工人运动负责人陈云，在五卅运动的洪流中共同战斗在一起了。

此后不久，陈云领导组织了商务印书馆的罢工斗争。1925年8月21日晚至22日凌晨，陈云主持商务印书馆发行所工人运动积极分子会议，有一百六十八人到会。当时茅盾是商务印书馆党组织的负责人之一，也是与陈云紧密战斗在一起的革命战友。在陈云的提议下，茅盾亲自为商务印书馆起草了《罢工联合宣言》，这个宣言通过报界发表，一下子把商务印书馆的"文明机关"印象打破，造成了很大的震动。

8月23日下午，商务印书馆四千名职工齐聚在东方图书馆广场，召开罢工大会，陈云为大会主席，向工友们宣布经过协商取得一致的复工条件。对此，既为当事人也是决策者之一的茅盾在回忆时说："二十三日下午，罢工职工共约四千人（印刷所三千余人）在商务印书馆编译所对面的东方图书馆之俱乐部前面的广场上开大会,廖陈云主席,当场决定归并两所（发行、印刷）一处所提的要求为若干条,其中重要的,如公司应承认工会有代表全体职工之权;增加工资;缩短工作时间;废除包工制,优待女工。"茅盾寥寥数笔,将当时商务印书馆如火如荼的罢工斗争描绘了出来。

8月24日,商务印书馆全线罢工。当天下午,"三所一处"职工代表召开联席会议,联席会议后,商务印书馆公司代表与全体职工代表举行第一次谈判。茅盾根据之前联席会议的意见,亲自草拟了与馆方正式谈判的十二条复工条件。在谈判中,商务印书馆当局坚持先复工后谈判,致使谈判陷入僵局。

初次谈判,陈云没有参加。但这一天,上海的《时报》上刊登了陈云关于商务印书馆罢工的谈话,指出"双方相差太远,风潮当不能即日平静"。8月25日,商务印书馆罢工代表开会,决定在联席会议的基础上建立罢工中央执行委员会,作为商务印书馆指挥罢工的最高权力机关。到27日,罢工已进行了六天,眼看各地学校开学在即,急需教科书,商务资方被迫作出让步。经过一天反复磋商,到当晚9时总算达成协议。这样,罢工时提出的各项要求都不同程度地实现了。这个经过斗争的成果,维护了职工权益,保障了职工利益,让茅盾和陈云十分高兴和激动。

在商务印书馆罢工期间,作为商务印书馆工人领袖的陈云虽然年轻,但他每天上午在发行所主持召开职工大会,通报劳资双方谈

1925年8月24日，上海《时报》刊登了陈云关于商务印书馆大罢工的谈话

判的情况，并提醒大家提高警惕，加强团结，防止有人破坏罢工。

罢工后的商务印书馆一片忙碌，但罢工斗争的胜利极大地鼓舞了商务印书馆的职工。9月初，发行所召开职工大会，正式成立职工会，陈云被推选为职工会委员长。

这段共事的经历，加深了陈云和茅盾两人的彼此了解，也增进了彼此的革命友谊。之后两人虽然从事的具体工作不同，但他们直到晚年还保持着联系。陈云还邀请茅盾撰写回忆录，回忆过往的历史特别是建党初期的历史。

1981年3月27日，茅盾因病医治无效与世长辞，享年八十五岁。文学巨星陨落，举国同悲，半个多世纪的交往和友谊，让七十六岁的陈云闻讯悲痛不已。3月30日下午，陈云与陆定一等同志专程到北京医院向茅盾遗体告别。他轻轻地走过去，向老友茅盾三鞠躬。

时至今日，陈云和茅盾两人虽然已经离开我们多年了，但他们的战友情谊和共同奋斗的故事将永远镌刻在历史的丰碑上，万古长青！

茅盾撰写的回忆录

历史小课堂

茅盾的文学成就

茅盾的作品具有鲜明的时事性、纪实性和传记性的特征。如《蚀》三部曲完成于1928年，即仅仅在大革命失败一年之内，就完成了对大革命经验的记录和艺术概括。而小说"农村三部曲"（《春蚕》《秋收》《残冬》）真实反映了20世纪30年代初中国农村丰收成灾的现实和农民的觉醒、反抗的过程。他的散文及报告文学亦然，同样取材于当下发生的事件，如《白杨礼赞》描写的是西北地区的白杨树，而实际则是赞扬当时抗战的战士们。可以说茅盾的很多现实题材的作品是中国现代革命史和现代思想史的文学记录。

在关注现实题材的基础上，茅盾也开拓了都市题材作品的创作，他的《子夜》直接记录和概括了1930年春夏间在大都市上海发生的经济和政治斗争；而《蚀》中的故事也同样发生在都市之中，这些小说深深扎根于都市的大环境中，并以此为背景展开故事的脉络向前推进。

（张秋震）

革命情谊
董亦湘介绍陈云入党

陈云入党介绍人之一

陈云在商务印书馆党支部的第一任党支部书记董亦湘的介绍下，于1925年八九月间加入中国共产党。胸怀大志的两人，共同推动着商务印书馆革命运动的不断前进，也因此结下了深厚的革命友谊。

董亦湘1896年出生于江苏省武进县。陈云和董亦湘在商务印书馆结识之前没有任何交集。不过，两人进入商务印书馆的经历是相似的。

陈云因家境贫寒，在颜安小学班主任张行恭及其弟张子宏的帮助下，进入商务印书馆当学徒；董亦湘也是因家境贫寒，年少时读了七八年私塾，于1918年经一位名叫殷彦洵的塾师介绍，进入商务印书馆，成为编译所国文词典委员会的一名助理编辑。陈云进商务印书馆比董亦湘要晚一年。两人胸怀大志，心系国家安

董亦湘

危,进入商务印书馆后,都勤奋学习,追求进步。

五四运动时期,陈云还在颜安小学读书,董亦湘则已经开始接受新思想。为了寻求马克思列宁主义真理,董亦湘自学了英文、俄文,埋头阅读马克思列宁主义著作,研究社会主义学说,常与陈独秀、邓中夏、俞秀松、沈雁冰(茅盾)等早期共产党人往来,并于1921年4月经沈雁冰介绍加入上海共产主义小组,成为一名中国共产党党员,也是少数在中共一大召开前就已入党的党员之一。入党之后,董亦湘积极参加革命活动,传播进步思想,多次在《中国青年》《民国日报》等刊物上发表文章,宣传马克思主义和党的政治主张。而此时的陈云是积极追求进步的青年,对董亦湘的文章非常感兴趣,阅读了许多其宣传马克思主义的文章。

1924年,商务印书馆党团员已发展到五六十人。之后,商务印书馆党支部成立,董亦湘任第一任党支部书记。

为提高广大工人的思想觉悟,上海的党组织开办了许多工人夜校。陈云就曾参加了商务印书馆的工人夜校,进一步提高了文化水平,而董亦湘当时就是工人夜校的老师。陈云特别喜欢听他讲解马克思主义和党的思想主张,并且经常与他探讨交流,逐渐流露出参加相关活动的想法。在两人交往的过程中,董亦湘也注意到了这个思维敏捷、刻苦勤奋的学生，对他颇为赞赏。

原本只有小学文化程度的陈云在商务印书馆得到了很大的提升。陈云后来回忆时说："我十五岁在上海当学徒，开始连报纸也看不懂，几年以后就能读懂了。""在商务时期，对我在文化上的得益很大，全部'童话''旧小说''少年丛书'都看了，有时也可翻翻杂志。同时我自信也是很用功的一个人，练字，上夜校（商务办的），读英文。"经过自己的不断努力，陈云的学识和才能很快超越了同龄工友。这与董亦湘等商务印书馆工友的影响和引导是分不开的。

1925年5月30日，爆发了震惊中外的五卅惨案。五卅惨案发生后，中共中央和中共上海地委决定派出宣传报告员到各处宣讲，号召全上海人民罢工、罢课、罢市，抗议英帝国主义的大屠杀，董亦湘被指定为宣传员，对商务印书馆的党员和积极分子进行了动员。陈云听了董亦湘的宣讲后备受鼓舞，感慨万千。他和工友们一起冒着生命危险带着传单，来到南京路，一边散发传单，一边高呼口号："打倒帝国主义！""上海人民速起反抗外国人的残暴！"

同年8月，为争取自身的权利，商务印书馆工人举行大罢工，陈云被推选为商务印书馆发行所罢工委员会委员长，参加领导商务印书馆大罢工。在罢工过程中，罢工委员会有决议事项，一般都是和董亦湘商量的。

在陈云和董亦湘等人的积极领导组织下，1925年8月27日，资本家被迫接受工人的全部复工条件，历时六天的罢工取得了胜利。

比董亦湘小五岁的弟弟董涤尘后来回忆：我们同陈云同志更是比较熟悉，我和二哥住在闸北天通庵路源源里八号，陈云同志住在相近的一幢房子里。每到星期天下午，我常跟着哥哥去河南路商务印书馆发行所二楼西书柜去看陈云同志。陈云同志常和二哥到另一个地方去密商革命工作，我一个人留在西书柜任意阅读英文书籍。由此可见，陈云和董亦湘的交往非常密切。

陈云在五卅运动和商务印书馆罢工运动中显露出优秀的才能和智慧，得到了商务印书馆地下党组织的高度评价，这个优秀的青年才俊再次进入了党支部书记董亦湘的视野。经过一番仔细考察，1925年八九月间，在董亦湘和恽雨棠的介绍下，陈云光荣地加入了中国共产党，从此接受革命的锻炼和考验，开始了职业革命家的生涯。可以说，在革命的道路上，董亦湘是陈云的重要引路人。

1925年10月，董亦湘被党组织派往苏联学习。从此两人再也没有相见。1937年董亦湘遭王明陷害，被捕入狱。1939年5月29日，年仅四十三岁的董亦湘含冤逝世。1959年1月，苏联中央军事检察院和远东军事法院发出通知和证明，对董亦湘作出"以无罪结案""恢复声誉"的结论。

中共十一届三中全会后，中共中央对董亦湘的历史旧案进行了复查。1984年6月，中共中央组织部为董亦湘平反昭雪。1987

年3月，董亦湘被定为革命烈士。1987年4月，中共武进县委和潘家乡党委在董亦湘家乡建立一座纪念碑，碑身上刻有陈云题写的"董亦湘纪念碑"碑名。

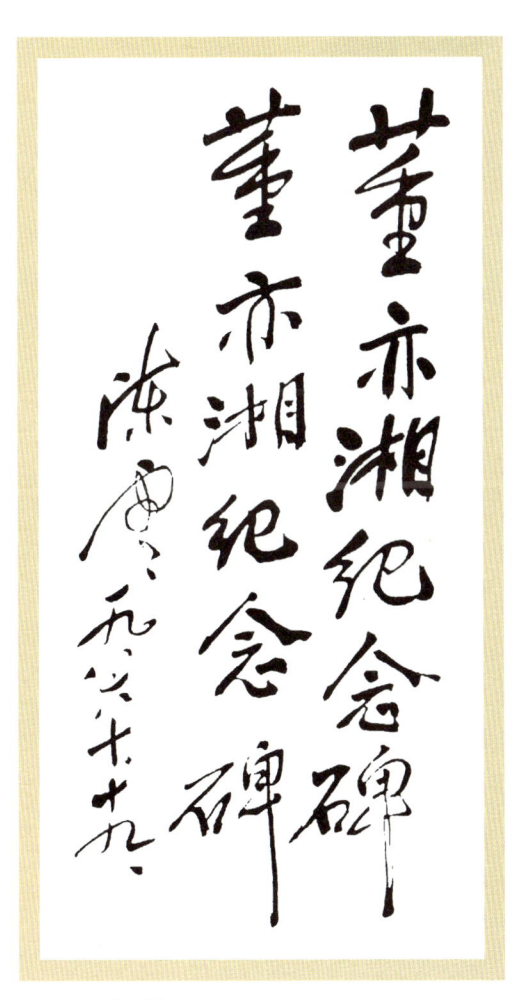

陈云题写的碑名

历史小课堂

恽雨棠——陈云入党介绍人之一

恽雨棠（1902—1931），江苏武进西夏墅镇人。他的父亲很早就去世了，自幼与寡母生活艰难，小学还没毕业就辍学了。1919年，恽雨棠通过招工考试被商务印书馆录取。1923年年底，恽雨棠由董亦湘介绍加入中国共产党。1929年，经时任武进县委书记徐永亭介绍，恽雨棠与李文结识，两人一见如故，结为夫妻，并生下一个女儿。婚后不久，恽雨棠临危受命，被任命为中共南京市委书记。为更好地开展党的工作，夫妻俩忍痛将女儿送进了育婴堂。怕老家的亲人伤心，恽雨棠、李文夫妇隐瞒了把孩子送走的事。

1931年1月21日，因叛徒出卖，回上海开会的恽雨棠与李文在新闸路福康里六百二十三号被敌人围住，敌人在他们家中搜出了手枪和俄文版的革命书籍，真实身份暴露，被关押在淞沪警备司令部看守所。因得不到任何有用的信息，敌人对他俩痛下杀手。2月7日晚，恽雨棠身穿长衫，拖着沉重的镣铐走向刑场。伴随在他身边的李文正怀孕待产，敌人也没有放过。他们从容不迫地向难友告别，一路上高呼口号，在敌人的枪声中，倒在雪地里……

（郭金雨）

革命战友

初识周恩来

两位世纪伟人的相识

上海宝山路五百八十四号（原宝山路东宝兴路口）曾是东方图书馆所在地，图书馆底层为商务印书馆俱乐部，上海工人第三次武装起义的总指挥部也曾设立在这里。世纪伟人周恩来与陈云也正是相识于这场工人运动中。

1927年3月，中国共产党根据上海工人群众的斗争情绪和北伐战争发展形势，决定在上海发动工人举行第三次武装起义。与前两次起义不同的是，这次起义工人所面临的形势已发生了重要变化：一方面，北伐军不断挺进，上海人民已经做好迎接北伐军的准备；另一方面，原来盘踞在苏浙皖赣闽五省的军阀孙传芳迫于形势的变化，主力部队已撤离上海，上海防御兵力大大削弱，为工人的武装起义创造了有利条件。

这一次武装起义由中共中央军委书记周恩来任总指挥。当时的陈云也立即从浙江余姚回到商务印书馆，参加上海工人第三次武装起义。也正是在这次武装起义中，陈云与周恩来两人相识。

3月上旬的上海已是山雨欲来风满楼，周恩来亲自坐镇，不仅总结了前两次失败的经验教训，提出了军事准备方面的各项意见，而且还经常到商务印书馆、法商电车公司、沪东工厂等党的力量较强的重点单位了解、察看起义的准备情况，为第三次工人武装起义作出极为周密的部署。每次他们来到商务印书馆，陈云与徐梅坤都会陪同跟随，召集商务印书馆的中共党员和工会骨干开会，了解前两次起义情况，察看东方图书馆周围地形。共同的目标使周恩来和陈云相互了解，彼此信任。周恩来特别赏识陈云的才干，陈云也非常佩服周恩来的务实作风。

上海宝山路商务印书馆对面建成的东方图书馆

当时上海闸北一带是军阀主力所在地，部队武装精良，盘踞人数较多。为了啃掉这块硬骨头，必须要有一支训练有素、善于战斗的武装力量。经过多方考虑，周恩来等人在交流座谈中指示：要组建一支强有力的战斗组织——工人武装纠察队。他劝导大家："商务资方不是也组织了一个保卫辅助团了吗？不要以为保卫团是资本家的，不去参加。没有参加的可以争取参加，取得合法地位，进行公开的军事训练。"为了训练武装起义的骨干，周恩来还专门从工人中选调一些当过兵有实际作战经验的党员担任教员开展军事训练，训练地点选在了闸北宝兴路的一座石库门房中，时间为期两周，参加训练的主要为各部委和各厂工人纠察队的负责人。

陈云等人遵照周恩来的指示，专门派出一批骨干去上海总工会纠察队军事训练班轮流接受军事训练，训练内容包括武器的使用、城市起义的基本战术等，受训的同志后来分别担任了工人纠察队的大、中、小队长，成为第三次武装起义中的骨干力量。

经过一系列周密准备，第三次武装起义的时机终于成熟。1927年3月21日中午，声势浩大的总同盟罢工开始，并立即举行武装起义。中午12时，电车停驶，轮船抛锚，工厂停工，全市约八十万工人宣布罢工，工人纷纷到预定的地方集合。上海各大中学校的学生也进行罢课，并组织宣传队到各处演讲。其中，商务印书馆的罢工显示出了严密的组织性、较强的战斗力。

当午间的钟声持续响起时，马路上执勤的警察还未反应过来，就被工人纠察队缴了械。随后，商务印书馆工会又召开全体工人大会，将枪支、弹药、铁棍、斧头等发给工人纠察队。12时45分，工人纠察队队员们兵分三路，分别奔向东方图书馆、五区警察署和北火车站等敌人据点待命。

根据预定计划，总罢工以后立即转入武装起义。起义分为七个区进行，斗争的焦点在敌军兵力雄厚的闸北区，即主要是北火车站、商务印书馆俱乐部（东方图书馆）、湖州会馆和三处警察署。

由于当时白崇禧的部队已占领上海郊区松江，而薛岳的部队到达龙华，上海总工会就派出陈云、赵子敬等人前往接洽。陈云作为特委派出的代表，向白崇禧、薛岳部队说明上海工人准备起义的情况，要求他们迅速进军，援助苦战中的起义工人。但是，此时坐镇南昌的蒋介石，由于担心上海工人革命斗争继续高涨，危及他的反革命计划，特地派人命令北伐军暂缓向上海进军。因此，白崇禧等人就借口"军队初到，很疲困"，拒绝了陈云提出的派兵请求。陈云为此愤慨不已，立即返回加入起义的队伍。

此时，市区内战斗已接近尾声，七个暴动区仅剩闸北区的作战任务尚未完成。尤其在围攻闸北区东方图书馆时，工人纠察队的进攻受到阻断。东方图书馆是一幢五层楼的钢筋混凝土建筑，是该地段的制高点，枪支弹药储备量大，易守难攻。面对这一情况，工人纠察队中有人主张再次强攻，有人主张火攻。在这紧要关头，周恩来到了现场，听取战况汇报、察看地形后，坚定地提出，东方图书馆是我国的一个大型图书馆，馆内珍藏很多古今中外的书刊，是重要的文化宝库，绝不能破坏。于是，对于这个点，工人纠察队采用围而不攻的战术。通过对敌人轮番喊话,利用火油箱燃放鞭炮,增加声势等,迷惑敌人,瓦解敌人。直到下午4时,被围困其中的敌人自知无路可逃,只得投降。攻克东方图书馆后,武装起义工人纠察队总指挥部转移到底楼的商务印书馆俱乐部中,周恩来坐镇指挥总攻北火车站的战斗。

第三次武装起义中,最为激烈、最具有决定意义的一仗是攻打北火车站。这里守备力量强,房顶上有重机枪,铁路上有装甲火车,配备有迫击炮两门,在宝山路和北河南路交界处,还有重机枪阵地。当时,战斗十分激烈,直到北火车站军阀头目毕庶澄

上海工人纠察队总指挥部驻地(商务印书馆俱乐部)

悄悄逃离，军阀部队斗志丧失，乱作一团，工人纠察队队员便发动总攻，于6时攻下敌人的最后一个据点——闸北火车站。

至此，经过30个小时的激战，上海工人驱逐了直鲁军阀，占领了除租界以外的上海市区，成立了上海特别市临时政府。陈云参加了上海特别市临时政府的筹备工作。

正当上海工人沉浸在胜利的喜悦中时，1927年4月12日，蒋介石在上海发动了蓄谋已久的反革命政变，大肆屠杀共产党员，上海总工会会所被封闭，上海特别市临时政府被强行解散，中国共产党的组织被迫转入地下。

历史小课堂

上海总工会

1925年，为了加强对日益高涨的工人运动的领导，统一上海各工会的组织，党中央决定成立上海总工会。1925年5月2日，李立三根据党组织决定，召集二十四个团体代表开会，组成了上海总工会筹备会。1925年5月18日，又在会文路荣业里召开筹备会成立大会，通过了工会章程，选举了以李立三为会长的筹备董事会。24日前后，总工会在宝山路开始活动。31日，李立三与总商会谈判结束，迫使其签了罢市令以后，根据党中央的决定，连夜在宝山路又召开了各工会代表会议，宣布代表二十一万工人的上海总工会正式成立。

（钱聪）

并肩战斗
谱写英雄赞歌

并肩战斗的革命

"我们的命也不留的了,牺牲我们二个人是不要紧的,你们的工作是要紧的……"这是吴志喜牺牲前在狱中致信同志所写的内容。此时,陈云正在设法营救他们。大革命失败后,吴志喜和陈云等一起领导青浦地区的农民运动,他们在小蒸一带发动群众抗租减息,恢复农会,成立农民革命军,组织武装暴动,吴志喜任总指挥。他们是并肩战斗的战友,他们经历了生死的考验,坚定地与农民站在一起。

在陈云纪念馆里有这样一张照片,照片中是一位年轻英俊帅气的小伙子。他就是当年和陈云一起领导农民暴动的农民革命军总指挥、陈云的亲密战友吴志喜。吴志喜和陈云都是青浦练塘人,是地地道道的同乡。

吴志喜

吴志喜，1911年生，比陈云小六岁。1926年秋，吴志喜加入中国共产党。不久，入中央军事政治学校武汉分校学习。1927年秋，按江苏省委的指示他秘密回到青浦，参加领导农民运动。1927年10月初，陈云到达青浦小蒸，和在那里开展工作的吴志喜取得联系后，一直到吴志喜被捕的短短几个月时间里，他们朝夕相处，患难与共，在艰苦的斗争过程中建立了深厚的情谊。

陈云和吴志喜根据小蒸地区的斗争特点，研究了开展农民暴动的策略，决定首先恢复和整顿农民协会，积极培养农会骨干，建立农村党的基层组织，开展农民革命斗争。经过一段时间的努力，他们不仅在附近二十多个村子里恢复和发展了农会组织，而且从许多农会积极分子中培养了一批农民运动的骨干，吸收了曹兴达、曹象波等十二名农会骨干加入中国共产党，建立了青浦西乡第一个农村党支部。

为了使抗租减息的口号深入人心，陈云和吴志喜等人感到有必要公开地、大规模地向群众进行抗租宣传教育。他们决定借助农历十月初一农民迎神庙会的机会，召开群众大会，进一步动员群众。

农历十月初一，天刚亮，练塘、石湖荡、枫泾等地三四十个村庄的农民抬着神像拥向小蒸。小蒸东南面庙宇前后挤满了来自周边的农民群众。祭神活动一结束，陈云、吴志喜等立即跑到小蒸庙后的荒坟上召集群众，陈云站在最高的坟堆上，向三千多名农民发表了生动的演说。他历数了地主剥削农民的罪行，阐明了农民养活地主却世代受苦，只有打倒地主豪绅，实行耕者有其田，才能有饭吃、有衣穿的道理，号召广大农民团结起来，进行抗租斗争。

1927年11月，中共江苏省委决定：建立中共青浦县委员会，陈云为书记，吴志喜为常委。11月，中共青浦县委建立了农民军总指挥部，吴志喜任总指挥，陈云任政治委员。接着，观音堂地区建立了农民武装纠察队，小蒸、枫泾地区建立了农民革命军，为发动农民暴动作了武装上的准备。

鉴于地主勾结水警队下乡逼租的情况，为巩固已经取得的抗租抗息成果，1928年1月2日晚，陈云在小蒸主持召开了中共松青县委扩大会议。会上，陈云传达了中共江苏省委关于青浦县暴动的指示，决定西乡于翌日暴动。会议部署在小蒸缴袁伯祥枪船上的枪械，东乡缴黄渡水警队的枪械。

不料，打枪船的计划走漏了风声，枪船准备逃跑。陈云当机立断，与吴志喜商议决定立即行动，提前举行武装暴动。1月3日，陈云、吴志喜等人率领农民军伏击下乡逼租的枪船，但因敌强我弱，为保存有生力量，减少损失，陈云与吴志喜指挥农民军撤退。

小蒸的农民军转移后，小蒸镇上的地主汪倾千、胡祖文等误以为共产党、农民军已被打垮，又在镇上疯狂起来。为了打击地主的嚣张气焰，陈云和吴志喜决定抓住时机，扫奸除霸，以安定民心。

1月5日晚，陈云和吴志喜带领一支农民军小分队包围了地主汪倾千家，处置了汪氏兄弟。接着又到地主胡祖文家，把胡从夹墙里拖出处决了。农民军在小蒸地区怒杀土豪的革命行动，有力地支持了农民群众的抗租抗息斗争，农民群众无不拍手称快。

1月15日，陈云同吴志喜等决定在1月22日即农历除夕这天趁豪绅地主回家过年之际进攻枫泾镇，并决定由陈云到上海筹集武器，吴志喜等继续在农村收缴团防局及地主的武器，并发动群众参加战斗。

不幸的是，1月19日凌晨农民军遭到国民党军包围，吴志喜和枫泾农民军指挥陆龙飞等十余人在蒋家浜村突围时被捕，并被押往松江驻军的监狱。在狱中，吴志喜等人受尽酷刑，甚至被拔掉了十个手指上的指甲，但是他们始终坚贞不屈，表现出共产党员的坚强意志和坚定信念。陈云闻讯后立即从上海赶到蒋家浜，向当地群众了解事情经过及被捕人员情况。后来，陈云又赶到库浪村，听取了农运骨干、共产党员曹叔明关于农民军失利情况的汇报。考虑到事关重大，陈云第二天即刻返回上海，并向江苏省委汇报了具体情况。江苏省委派省委农运部长王若飞会同陈云、夏采曦一起设法予以营救。

陈云通过监狱中的关系，送信给狱中的吴志喜、陆龙飞，告诉他们组织正在设法营救。但最终因补充团内共产党力量薄弱，时间又很紧迫，营救战友出狱的计划落空了。陈云内心十分焦急和沉重。

在接到陈云从外面传来的营救信后，吴、陆二人也从狱中传出信来,坚强地向陈云表示:他们已经准备牺牲,这里危险,赶快离开,免得敌人发现后下毒手。他们还把牺牲时准备呼喊的口号写在信上。

1月26日,吴志喜被国民党反动派杀害于松江马路桥南笏冢

吴志喜在狱中写的一封信

高墩上。临刑前，吴志喜神态自若，向群众发表了慷慨激昂的演说："共产党是工农贫民的党，我为共产党而死，为工农贫民而死，死也甘心！"接着高呼："打倒国民党反动派！""中国共产党万岁！"同日，陆龙飞亦被杀害于枫泾镇文昌阁。

陈云对吴志喜、陆龙飞两位烈士一直十分怀念。早在松江解放一周年时，陈云就曾写信给时任松江区公署专员顾复生，要求他查询吴志喜、陆龙飞尸骨的安葬情况。后来，吴志喜等人的棺木没有查到，陈云说："志喜同志为革命牺牲，棺木尸首虽然找不到，但革命的精神永远存在于人间。"

1984年8月，陈云还为吴志喜、陆龙飞烈士题词："吴志喜烈士永垂不朽""陆龙飞烈士永垂不朽"，陈云在题词的同时，还回忆了当年他们被捕后的详细情况："陆龙飞和吴志喜是同时被捕牺牲的……要给他立个纪念碑。他们两人牺牲时都很英勇。"

陈云的题词

历史小课堂

新街暴动

1928年10月，中共淞浦特委组织部部长陈云到金山巡视工作，召集浦南县委所属的党员、骨干三十余人在甸山李新民家开会，传达省委指示，布置工作：要求浦南搞农民秋收暴动，配合工人大罢工，武装夺取政权。

1929年1月，在经过一番准备工作后，暴动的条件已基本成熟。2月6日，暴动队员分别从金山县、松江县、平湖县等地向新街镇附近的五坟庙集结，共有三百多人。当晚10时许，暴动队员个个以臂缠白布条为标记，以红旗为先导，直向新街镇进发。先头部队到达新街后，首先派人扼守新街镇的东西两头，然后暴动队伍直插恶霸地主张忍百（一说"张忍伯"）家的前埭院宅。这时，镇上地主豪绅们豢养的保卫团已不战自溃，各自逃命。张忍百家大门紧闭，后被撞开。暴动队伍将张家眷属集中一处看管起来。经四处搜寻，未见张忍百，直至搜查到后门河边，方知张忍百已潜出后门乘船逃走。这就更加激怒了暴动的群众，暴动队伍当场没收了张家的不义之财，分发给群众，放火烧了张家的账册和前埭院宅，顿时火光冲天，夜空映红。同时，暴动队伍将事先印刷的标语口号和张忍百的罪状布告贴遍新街及沿途各地。

新街暴动自6日晚上10时开始，一直持续到凌晨，后来队伍集合，清点人数，无一伤亡，随即下令分路撤退，暴动队伍高唱凯歌而归。

（张秋震）

弃家奔走
同赴革命征程

> **发生在小蒸地区农民武装暴动指挥所的故事**
>
> 小蒸地区农民武装暴动指挥所旧址位于练塘镇小蒸社区三官桥路八十六弄,这是一座清代民居,坐北朝南,砖木结构,建筑面积约一百八十平方米。这里是大革命时期练塘地区革命活动重要场所之一,是新中国成立后陈云进行农村调查的基地。这所房子的主人是谁?在这里又发生了怎样的故事?

1927年深秋的一天,太阳懒洋洋地悬挂在空中,随着地面斑驳光影的晃动,一阵匆忙的脚步声很快消失在一幢民宅前。屋内,两双大手紧紧地握在一起,久久没有松开,传递着初次见面的惊喜、期望等诸多无法言语的信息。其中从外地赶来的风尘仆仆的年轻人就是陈云。虽然这是他接受任务后与陆铨生的第一次碰面,但是,共同的初心和使命让他们没有丝毫的陌生感,相反却充满了相见恨晚的感觉。在接下来的一段很长的日子里,他们共度白昼、并肩作战，给这片宁静的乡村带来一场暴风雨。

陈云比陆铨生大一岁，他出生的练塘镇与陆铨生所在的小蒸乡相邻。比起陈云悲苦的幼年，陆铨生是幸运的。陆铨生的父亲陆少泉是位中医，为人正直，有气节，积极支持革命，并坚信革命一定能胜利。陆铨生的母亲开明大义，支

陆铨生

持儿女独立作为。陈云与陆铨生的共同点是，他们都不甘落后，刻苦学习，追求进步。陈云辍学后到商务印书馆独立谋生，陆铨生学习之余随父习医，兼攻文学，练得一手好字。1924年，他秘密加入国民党，还组织了晨光墨社，团结进步青年，传播革命思想。陈云在商务印书馆领导罢工、加入中国共产党及参与上海三次工人武装起义时，陆铨生也在嘉善县迎接北伐军时加入了中国共产党，并开始在小蒸地区秘密组织农民协会，发动农民运动。可以说，当陈云回到家乡准备领导农民暴动时，陆铨生已经与乡亲们建立了一定的联络。

因此，陈云接受江苏省委指示回到家乡后，首先就找到陆铨生作为开展工作的联络人。此时，他们都是血气方刚的青年，可谓是初生牛犊不怕虎，提着脑袋闹革命，根本无畏艰难与险阻。

当时，陈云活动的基地就建立在陆铨生家。陆家是一个独立的院落，房屋有上下两层，相对比较宽敞。因此，陈云不仅居住

在这里,还经常在此召集会议。这天,陆铨生紧急通知小蒸农会的四位负责人前来开会,从他那抑制不住的喜悦眼神中可以猜想到这次的会议肯定与以往不同。待四人进屋坐定后,一位清秀的年轻人从里屋走了出来,笑眯眯地望着大家。陆铨生向大家介绍

陈云、于若木夫妇与陆铨生的母亲陆爱英、夫人曹秀凤合影

说：这就是我常向你们提起的廖陈云同志。听到这里，几位农民积极分子先是一惊，而后便欣喜不已，气氛一下子活跃起来，大家很快就投入了热烈的谈论中。谈到当地豪绅的欺凌霸市，强行收租，大家义愤填膺，一致下定决心：为了子孙后代，我们应该吃苦，否则，不和豪绅苦斗，我们永远翻不了身。

经过一段时间的宣传和准备，陈云和陆铨生组织农民军开始了反击收租的行动。结果，由于力量薄弱，暴动遭到强烈的镇压。总指挥陆龙飞和吴志喜被捕入狱，陈云和陆铨生都受到通缉。陆铨生一家也不得已来到上海，迁居浦东高桥。在上海期间，陆铨生的父亲依旧靠行医来维持陈云等人的生活和吃饭问题，而陆铨生则留在小蒸乡继续为党工作。1928年9月13日，中共淞浦特委成立后，陈云任组织部部长，陆铨生任中共淞浦特委组织干事，一起为淞浦特委所辖的十个县（嘉定、宝山、太仓、松江、金山、青浦、奉贤、南汇、川沙、崇明）的革命活动开展而努力。

不幸的是，1929年3月，陆铨生在参加江苏省委召开的松、金、青三县活动分子会议时，由于叛徒出卖而被捕，被判处有期徒刑六个月。后来，又因小蒸豪绅地主告发，被押解至苏州江苏高等法院重新审理。陈云得知消息后焦急万分，立即写信给练塘人姚韵海，要他回乡向高尔松、高尔柏借钱，积极营救陆铨生。后因陆铨生已被判刑，营救未获成功。全民族抗日战争爆发后，陆铨生获释出狱，根据革命需要，辗转到南京、延安、沈阳等多地开展工作，默默地用实际行动践行着当初的誓言。

新中国成立后，两人又得以重新取得联系。1961年夏，为了响应中央号召，找到解决农村问题的办法，陆铨生以中央建筑工程基本建设局局长的身份，跟随陈云回到青浦小蒸公社进行农村调查。他们触景生情，重温当年开展农民运动的场景，再联系眼前面临的困难，看着乡亲们期盼的眼神，两人都感受到了身上的担子很重。但是，他们又都非常自信，当年那么艰难的条件大家都闯过来了，这点前进中的问题又算得了什么？只要继续得到人民群众的信任和支持，一定能再次跨越难关。

如今，陈云与陆铨生的这段故事已经镌刻在历史书卷中。这段经历虽然曲折，但是陈云与陆铨生从来没有丝毫后悔。1949年6月19日，陈云在写给陆铨生的儿子陆恺悌的回信中这样说："从个人方面说，我与你父亲都顾不上子弟的入学和生活，没有尽到父兄的责任。但是这点我们当年都计算了的，如果只顾一个人的家庭子弟，就无法努力于改造整个社会，我们就这样决定了弃家奔走。"信中，陈云语重心长地教育道："我与你父亲既不是功臣，你们更不是功臣子弟。这一点你们要切记切记。"

陈云的回信也代表着陆铨生的意愿，他们摆正了自己与党和人民的位置，体现了淡泊名利的高尚境界，更显示出他们为人民服务的决心和干劲。

陈云给陆铨生的儿子陆恺悌的信（部分影印）

历史小课堂

曹秀凤

曹秀凤，1910年出生，父母先后去世，十四岁时跟随居住在小蒸的姑妈生活。在这里，她参加青年陆铨生组织成立的晨光墨社，参与筹划成立农民协会和小蒸妇女协会，并担任妇女协会负责人。小蒸暴动期间，曹秀凤响应陈云"有钱出钱，有力出力"的号召，果断拿出嫁妆换取三百多银圆用来购买枪支弹药和建立秘密联络点，并成功地完成了运送枪支到枫泾的任务。在上海地下工作时期，曹秀凤直接受陈云领导，她和陆铨生也因共同的革命工作而建立起革命情谊,从最初的假扮夫妻到后来结为正式夫妻。曹秀凤绣台布,陆铨生帮别人写毛笔字,以微薄的收入,艰苦的生活,掩护革命工作。2015年,曹秀凤以文史馆员的身份走完了她的一生,不居功,不求利,不留名,一如她默默无闻支持革命的精神。

(刘启芳)

同乡之谊
奋斗在同一战线上

青浦旅沪学友会成立宣言

我们在上海服务，我们在上海求学，本是多么亲爱的同乡，多么密切的友谊。我们唯有相互砥砺，一致努力，修养我们的人格，认定了我们的目标，前进！前进！我们希望成为努力的青年！我们希望成为勇敢的志士！我们希望成为救国的健儿！我们希望成为国家的柱石！我们希望成为世界的伟人！

在陈云的小伙伴中，有一对高氏兄弟——高尔松、高尔柏，他们住在离陈云家有段距离的东风街上的一处大院内。这兄弟俩比陈云大四五岁，家庭环境也比陈云殷实很多。虽然生长环境不同，他们身上却展现出了很多相似之处，如刻苦勤奋、成绩优异等，给同学们留下了深刻的印象。此外，陈云懂事、文静、上进。高氏兄弟虽家境优越，却虚心谦逊、热情大方。因此，陈云和高氏兄弟在一起时总有聊不完的话题。

高尔松

高尔柏

　　1917年，陈云进入颜安小学读书，虽然他和高氏兄弟不在一个年级，但是，作为校友，陈云有很多次与高氏兄弟在上学路上碰面，一起进出校园。由于他们成绩优异、思想活跃，廖陈云、高尔松、高尔柏的名字经常出现在师生们的闲谈中。

　　1918年春，陈云与高氏兄弟在家乡的相处时光暂时中断了。高尔松进入上海青年会中学学习，后又考进上海南洋公学中院（即中学部），高尔柏随后也进入这所学校学习。

　　在风云突变的岁月中，陈云和高氏兄弟在很多重大事情上不约而同地采取了相同的选择。1919年，五四运动爆发后，陈云参加了颜安小学师生组成的各类组织，以多种方式参加了爱国宣传活动。高尔松、高尔柏则在上海参加学校宣讲团，创办义务工人夜校和九人书报贩卖处，传播新文化、介绍新思想，引导学生走向革命道路。

1919年年底，陈云来到了上海，进入商务印书馆独立谋生。此后，陈云和高氏兄弟的接触也就越来越多了。他们经过一段时间的学习、求索，先后走上了革命道路。高尔松、高尔柏先后加入上海社会主义青年团、国民党，并于1923年上半年加入共产党。1925年八九月间，陈云加入了中国共产党，立志"专干革命"。至此，从练塘走出的三个有志青年真正站在了同一战线上。加入中国共产党后，三个年轻人感到肩上的担子越来越重了，要干的事情也越来越多了。因此，他们亟须扩大队伍，吸引更多的有志青年团结在一起。

1926年春暖花开的季节，陈云和高氏兄弟郑重相约，决定把在上海的青浦籍人士聚集起来，以中国共产党党员为主体，同时也吸收共青团员参加，组成青浦旅沪学友会，旨在"联络感情，互相砥砺，团结青年，改造家乡"。这是他们经过充分考虑、认真考证的结果。因为他们日益认识到，要把革命理想付诸实践，只有发动更多人参与进来才能产生实效。此时，陈云与高氏兄弟已经在革命实践活动中积累了一定的经验。陈云与高尔松、高尔柏分别在各自的学习、工作中积极创办刊物、撰写文章，传播进步思想。

由于陈云、高氏兄弟的影响力和号召力，经过宣传和动员，二十四位在上海的青浦籍人士参加了学友会。学友会成立后的三四个月里，陈云多次到上海同文书院，有时也回到练塘，同高尔松、高尔柏等人开会商议在家乡建立中共组织及开展学友会活动等问题。与此同时，学友会部分人员回到练塘组织消夏社，为维护农民利益进行宣传，并代表农民与乡董谈判。陈云还请商务印书馆编译所《学生杂志》编辑杨贤江到学友会讲话，以激发学友们的爱国之情。

1927年，北伐军到达上海时，陈云与高尔松、高尔柏分头行动，支援北上。陈云参与了三次上海工人武装起义，高尔松在沈雁冰主笔的《神州日报》上撰写社论，欢迎北伐军。高尔松受中共江苏省委党团委派，回到家乡负责筹建中共青浦独立支部及青浦县政府，并担任中共青浦独立支部书记和青浦县县长。在他的领导下，青浦人民组建了总工会和农民协会，开展革命活动。

四一二反革命政变后，青浦县党部和县政府被破坏，陈云和高尔松、高尔柏都因生命受到威胁而被迫离开上海。陈云再次回到家乡，领导家乡农民运动。高氏兄弟被迫流亡日本。经历了跌宕起伏、千辛万苦的革命斗争，他们在新中国成立后才又取得了联系。

历史小课堂

青浦最早的共产党员高尔松、高尔柏

1921年,中国共产党成立。青浦人民的杰出代表高尔松、高尔柏、陈云等有志青年开始接触并接受革命的民主思想和共产主义思想。1923年,高尔松经杨贤江、沈雁冰介绍,高尔柏经杨贤江、施存统介绍,加入中国共产党,为青浦最早的共产党员。

高尔松(1900—1986),字继郕,笔名高希圣。1900年出生于青浦县练塘镇,祖居镇东高家埭村。幼年就读于颜安小学,1918年春入上海青年会中学学习,秋入上海南洋公学中院学习。五四运动时,高尔松参加了侯绍裘领导的学校宣讲团。在初步的革命实践中,高尔松渐渐锻炼成熟,走上了革命道路。

高尔柏(1901—1986),字咏薇,笔名郭真,与兄高尔松齐名。从颜安小学毕业后,进入上海南洋公学中院学习。在侯绍裘等人的指引下,走上革命道路,参加过宣讲团和义务工人夜校等活动。

(刘启芳)

附录

陈云纪念馆简介

陈云纪念馆是经中央批准建立的全国唯一系统展示陈云生平业绩的纪念馆,地处陈云故乡——上海市青浦区练塘镇。它是在中共上海市委的直接领导下,在中央有关部门的关心、指导下,在陈云故居和青浦革命历史陈列馆原址的基础上,于陈云同志诞辰九十五周年之际,即 2000 年 6 月 6 日建成开馆,江泽民同志题写了馆名。2005 年 6 月 8 日陈云同志诞辰一百周年之际,陈云铜像在纪念馆落成,江泽民同志为铜像题字。2013 年 5 月 26 日,经中央批准,由陈云故居暨青浦革命历史纪念馆更名为陈云纪念馆,保留青浦革命历史纪念馆的牌子。江泽民同志再次题写了馆名。2015 年在陈云同志诞辰一百一十周年之际,经中共中央和上海市委批准,纪念馆对陈云同志生平业绩基本陈列进行了改造,并新建了陈云文物馆。

纪念馆突出展示了陈云同志在中国共产党历史上的地位和作用。陈云同志是伟大的无产阶级革命家、政治家,杰出的马克思主义者,中国社会主义经济建设的重要开创者和奠基人,党和国家久经考验的卓越领导人。他为中国人民解放和社会主义建设事业奋斗了 70 年,

附录　陈云纪念馆简介

铜像广场

功勋卓著，永载史册。

陈云纪念馆纪念设施由铜像广场、主馆、陈云文物馆、陈云故居、陈云手迹碑廊和文化创意街组成。纪念馆主馆一、二层主要展陈"伟大光辉的一生——陈云生平业绩陈列（1905—1995）"，展览以陈云同志生平业绩为主线，通过大量珍贵的文物史料和丰富的图片文字，展示了陈云同志伟大光辉的一生，突出反映了陈云同志为新中国的建立、为社会主义基本经济制度和政治制度的确立、为改革开放和社会主义现代化建设立下的功勋。主馆地下一层设有青浦革命历史陈列厅、互动体验区等。

陈云文物馆位于主馆的东侧，主要展陈"永远的风采——陈云文物展"，展览通过七百余件文物、八十八张照片，并辅以电子屏幕、蜡像等形式，展现了陈云同志的勤俭朴实和高风亮节。

陈云故居紧靠市河边的下塘街，是一座砖木结构的老式江南民居，总建筑面积九十五点八八平方米。陈云两岁丧父，四岁丧母，被舅父母收养，并随舅父廖文光的姓改名廖陈云。1911—1919年，陈云与舅父母生活在一起。现今故居的陈设基本保持当年的原貌。

陈云纪念馆自开馆以来，以坚持、唯实、求精、超越为馆训，先后获得国家一级博物馆、全国爱国主义教育示范基地、全国廉政教育基地、全国红色旅游经典景区、上海市爱国主义教育基地、上海市优秀志愿者服务基地、上海市市民终身学习红色文化体验基地等荣誉称号，已成为弘扬伟大精神，进行党史学习教育和爱国教育的重要基地。

后记

伟人也要有人懂。给青少年讲伟人青少年时期的故事，是读懂伟人的重要途径。编写"给青少年讲红色纪念馆里的故事"丛书第二辑，即毛泽东、周恩来、刘少奇、朱德、邓小平、陈云青少年时代的故事，是为了利用伟人纪念馆的红色资源，让青少年走近领袖，让红色基因得以传承、红色精神得到弘扬，激励青少年奋发前进。

编写《陈云青少年时代的故事》是一项有意义的工作，却是一件很难做的事情。难就难在陈云青少年时期的史料太少，比如陈云最早的一张照片拍摄于1926年。但是，经过大家的不懈努力，书稿还是如期完成了。本书共分为三个篇章，即犹记少年读书时、革命之火燃初心、脉脉相通情意浓，讲述了陈云读书求学的故事，选择入党和从事革命活动的故事，以及陈云与相关人物交往的故事，既写了基本史实，也总结了伟人的高尚人格。在撰写故事的过程中，我们坚持严肃性与通俗性相结合，坚持历史性与时代性相结合，坚持文字与图片相结合，以达到让青少年能够读得懂、走得进、悟得出的目标。

陈云纪念馆的同志们为本书的编写倾注了大量的心血。党委书记、馆长黎洪伟，党委副书记、纪委书记王震凤，党委委员、副馆长范伟成始终关心、指导本书的编写进展。房中、刘启芳负责本书的具体编写工作。本书的写作提纲由集体讨论决定。陈列编研部、社会教育部、文物保管部、宣传事务部的同志都参与了本书的撰写。初稿形成后，房中组织了第一轮、第二轮的修改，刘启芳、江丹、钟理、齐晨、钱聪、张秋震、范莎莎、刘楠、陶蕾对书稿进行了第三轮、第四轮的修改。文物保管部提供了本书需要的文物资料。李迪、陈佳堃提供了本书需要的图片。

我们希望本书能为青少年提供一个了解伟人的窗口，同时，2025 年是陈云同志诞辰 120 周年，借此书表达对陈云深深的缅怀之情，为弘扬伟人精神、践行社会主义核心价值观尽一点绵薄之力。感谢大象出版社的相关编辑，他们为本书的顺利出版付出了大量辛勤劳动。

由于时间紧、能力有限，本书一定会存在种种不足，敬请读者批评指正。

编著者

2024 年 12 月